중독에서 자유로워지려면

성경에서 찾다!
원치 않는 습관에서 벗어나는 법

중독에서
자유로워지려면

마이클 그럽스 F. Michael Grubbs 지음 | 박찬영 옮김

Broken Chains
Freedom from
Unwanted Habits and Addictions

샘솟는
기쁨

Greetings to my brothers and sisters in Korea,

I have never had the privilege of seeing your great country, but I have had the privilege to meet many Koreans here in America. Dr. Chan Young Park has translated this book into your language. I have enjoyed his friendship. This book was not written for Americans only, though I confess that is the only culture I know, but for all humans. It is human to have habits, some good, some bad, some comfortable, some troublesome. When these become addictions, we need liberation. Only the Liberator, Jesus, can set us free and fill our emptiness. Please, as you read this book, know that your Savior can save. He saves us from sin and death. He saves us from our unwanted habits and addictions. He is always saving because that is who he is!

Dr. F. Michael Grubbs

한국의 형제자매 여러분,

여러분의 나라 위대한 대한민국을 방문할 기회가 없었지만, 저는 여기 미국에서 여러 한국인을 만나는 특권을 누렸습니다. 박찬영 박사는 이 책을 여러분의 언어인 한국어로 번역했습니다. 그와는 중독 수업을 통해 만나 친구로 지내고 있습니다.

내가 아는 유일한 문화권은 미국이지만 이 책은 미국인만이 아니라 모든 인간을 위해 쓰여졌습니다. 인간은 좋은 습관과 나쁜 습관, 편안하거나 성가신 습관을 갖기 마련입니다. 이 습관들에 중독될 때 우리는 그 중독에서 자유로워질 필요가 있습니다. 오직 구원자 예수 그리스도만이 우리를 중독에서 자유롭게 하고, 우리의 공허함을 채울 수 있습니다. 이 책을 읽으면서 예수 그리스도께서 여러분을 구원하실 수 있다는 것을 깨닫기를 바랍니다. 예수 그리스도는 우리를 죄와 사망에서 구원해 주십니다. 예수 그리스도는 원치 않는 습관과 중독으로부터 우리를 구원해 주십니다. 예수 그리스도는 구원자이시기 때문에 항상 우리를 구원하십니다!

저자 마이클 그럽스

차 례

중독의 사슬에서 자유롭게 하는 책

댄 서덜랜드(Dan Southerland)[1]

나는 추천사를 쓰지 않는다. 저자와 그의 사역을 잘 알고 있거나, 그 책에 대해 감명을 받지 않는 한 추천사 쓰기를 고려조차 하지 않는다. 이 책의 경우, 추천사를 쓰게 된 것을 영광으로 생각한다. 저자 마이크가 추천사를 부탁하지 않았다면 내가 먼저 추천사를 쓸 수 있는지 물었을 것이다.

마이크는 나의 친한 친구다. 그를 잘 알고 있다. 나에게는 여러 친구가 있지만 가까운 친구는 많지 않다. 사람들은 내 친구가 된다는 것은 쉽지 않은 일이라고 말할 것이다. 마이크는 내 모습 그대로 좋아해 준다. 또한 그는 내 인생 코치다. 누구나 수천 명을 향해 목회하거나 코치하는 듯한 코칭을 필요로 하지 않는다. 특히 나는 그렇다. 마이크는 지난 8년 동안 오래된 포드 트럭 같은 수렁에서 내 인생을 건져 도로를 달리게 한다. 그건 누구나 할 수 있는 일이 아니다.

나는 이 책을 잘 안다. 마이크가 몇 달 전 내 손에 원고를 넘겨주었을 때,

---

1) 교회개척자, 목사, 캔자스 주 캔사스시티의 The Movement Group의 창립자. 죄인 중의 괴수요 예수님을 사랑하는 자. 저서는 『전환: 변화와 허락된 시간을 통해 교회를 이끌기(Transitions: Leading Your Church Through Change and Chairtime)』가 있다.

그가 무엇인가를 하고 있다는 것을 알았다. 솔직히 이 책은 마이크보다 낫다! 하나님께서는 이 책에 쓰여진 말과 진리를 저자가 작성하도록 도우셨을 것이다. 마침내 중독으로부터 자유하기 위한 실용적이면서 정확하게 신학적 기반을 둔 길을 보여주셨다. 우리는 이러한 책이 너무 오랫동안 필요했다!

이 책이 필요하다는 것을 안다. 우리 모두 중독자다. 우리 모두 도움이 필요하다. 우리 모두 구원자가 필요하다. 나부터 섹스나 마약 또는 알코올에 중독된 내 친구들에게 이르기까지, 우리 모두 예수 그리스도가 함께하며 주어질 자유함이 절실히 필요한 중독자다. 죄에 대한 중독은 우리에게 예수 그리스도의 십자가가 필요하다는 것을 입증하고 있다. 우리는 예수 그리스도가 필요한 죄인이다.

이 길을 안다. 나는 수십 년 동안 중독으로 고생했다. 마이크, 그리고 이 책에 공유한 진리들이 나를 중독에서 해방시켰다! 또한 내가 중독에서 자유로워졌다는 것은 누구나 중독에서 자유로워질 수 있다는 것이다.

이 책은 지난 50년간 중독에 대해 쓴 글이나 말 등을 다시 말하는 그런 방법이 아니다. 이 책은 아주 신속하고 쉽게 우리를 결박한 사슬에서 벗어나 자유롭게 사는 법을 배울 수 있는 신선하고 실용적인 접근 방식이다. 예수님께서 말씀하셨다. "진리를 알지니 진리가 너희를 자유롭게 하리라"(요 8:32) 내가 이 책의 진리에서 터득한 것처럼 여러분도 그분의 진리와 그분의 자유를 발견할 수 있기를 기도하고 축복한다.

성공 이력과 결과주의에 중독된 모두에게

이 책을 읽으면서 기뻤습니다. 평소 고민하던 삶을 진단하고 돌아보는 기회가 되었기 때문입니다. 30년 넘게 목회하고 또 학교에서 20여 년 가르치면서 나도 모르게 하나님이 기뻐하시지 않는 크고 작은 습관이 형성되었습니다. 나는 성공 이력 쌓기와 결과지향주의에 중독된 수많은 목회자 중의 한 사람입니다.

자기를 부인하고 자기 십자가를 지고 예수님을 따르는 제자라고 날마다 고백하면서도 그러한 중독 반응을 보입니다. 이러한 중독은 주 안에서 누려야 할 영적 자유와 사역의 기쁨을 제한합니다. 이 책은 예수의 이름과 경건의 능력까지 자신의 도구로 사용하려는 목회자와 지도자에게 꼭 필요한 책입니다.

이 책은 예수 그리스도의 복음과 하나님의 능력, 새롭게 하심, 회개와 회복, 성령의 권능을 통해 중독에서 벗어나 영적 자유를 누리는 길을 명쾌하고 올바르게 제시합니다. 동문이자 사랑하는 후배, 학자요 목회자며 전문 상담가인 박찬영 교수! 그가 번역한 이 책은 원치 않는 습관과 중독에서 자유롭기 원하는 모든 사람에게 최고의 선택이 될 것입니다.

김택수 | 성서침례대학원대학교 총장, 한빛침례교회 담임목사

성경의 진리와 삶을 통합한 중독 해법

중독의 원인, 치유, 그리고 치유된 상태의 유지에 대해 설명한 이 책은 성경을 이해하는 사람이라면 고개가 끄덕여진다. 성경은 인간 구원의 역사이자 삶의 원리를 모아 놓은 책이기 때문이다.

저자는 삶의 원리 중에서 공허함을 중독의 원인으로 지목한다. 의존적 존재인 인간이 하나님과 관계하면서 목적을 확실히 하지 않는 한 중독에 빠질 수 있다. 술이나 마약 또는 도박 등에 중독되지 않더라도 권력, 돈, 사람, 명성 등에 빠져들 수 있는 존재가 인간이다. 이러한 인간은 하나님과의 관계를 회복하고 그분이 부어 주시는 생수를 계속 마심으로써 새 사람으로 거듭날 수 있다.

중독의 원인과 치유 그리고 새로운 삶이라는 분명한 구조를 가진 이 책은 성경과 인간의 삶의 통합을 추구하고 있다. 그리스도인도 종종 성경과 삶의 간극으로 어려워하고 힘들어한다. 그런데 이 책은 중독을 통해서 인간의 삶과 성경의 진리를 하나로 통합한 훌륭한 내용을 담고 있다.

독자들이 이러한 저자의 접근을 주의 깊게 보기를 원한다. 많은 것이 통합되지 않고 떠다니는 상태로 접하는 우리에게 이 책은 중독뿐만 아니라 우리의 삶을 돌아볼 수 있는 중요한 렌즈를 확보하게 한다.

김용태 | 횃불트리니티 신학대학원 명예교수, 초월상담연구소 소장

지금 중독 사회에 꼭 필요한 책

지금 우리 사회는 그야말로 '중독 사회'이다. 곳곳에서 알코올 중독, 쇼핑 중독, 게임 중독, 인터넷이나 스마트폰 중독에 빠진 사람들을 만난다. 그리스 도인이라고 예외일까? 그 어느 때보다 중독의 문제를 심각하게 받아들이고 해법을 진지하게 고민해야 할 때 이 책의 출간은 매우 시의적절하다.

원제『Broken Chains』에서 알 수 있듯이 잘못된 습관과 중독의 견고한 사슬을 깨트리도록 돕는 책이다. 저자는 상담학자이자 40년간의 전문 상담가이며 목회자이다. 그의 강점이 잘 녹아 있다. 실용적이면서 성경적이다. 그의 조언은 "진리를 알지니 진리가 너희를 자유케 하리라"는 말씀의 그 "진리"에 기초하고 있으며, 각 챕터마다 '중독에서 자유로운 삶을 위한 질문'이 제공되어 그룹 토의를 하거나 스스로 적용할 수 있다.

중독의 출구를 찾는다면 바로 이 책이다. 밑바닥 없는 구덩이에 퍼붓고 있는 느낌이거나 원하지 않는 습관에서 벗어나고자 한다면 이 책을 읽어야 한다. 목회자와 다음 세대 리더에게도 유익하다. 중독 사회에서 깊고 본질적이며 신선한 변화를 원하는 모든 이에게 기쁘게 추천한다.

이재기 | 사랑빛는교회 담임목사, 성서침례대학원대학교 교수, 초헌도서관장

중독의 사슬을 끊고 자유로워지기를

"목사님! 5대 중독뿐만 아니라 우울증도 있어요." 여기저기에서 신음 소리를 듣는다. 중독이 독버섯처럼 뻗어 나가고 있다. 한국의 중독자도 지금 1천만 명 이상이라고 보고된다. 사람들이 5대 중독(미디어, 술, 마약, 성, 도박)뿐만 아니라 이해할 수 없는 중독에 빠져들고 있으며, 이미 중독의 늪, 덫, 독에서 서서히 죽어 가고 있다. 신자도 중독에서 결코 자유롭지 않다.

이때 마이클 그럽스의 『중독에서 자유로워지려면』이 출간되어 감사하다. 이 책은 중독의 원인과 실체뿐만 아니라 대안에 대해 나눈다. 무엇보다 챕터마다 나눔을 할 수 있는 질문이 있다. 개인 또는 소그룹으로 나누면서 중독에 대한 이해와 해법으로 나아가게 한다.

중독에서 자유로워지려면, 세 가지가 필요하다. 첫째 자각, 둘째 소그룹 나눔, 셋째 변화의 틀이다. 이 책은 이 세 가지를 다 충족하도록 구성되었다. 영적으로 건강한 근육을 키워 중독의 사슬을 끊고 자유로워지기를 소망하는 독자에게 이 책을 추천한다!

김영한 | Next 세대 Ministry 대표, 청소년중독예배방본부 선교회 공동대표

중독 현장의 필독서, 추천합니다

담임목회자로서 28년간 중독에 노출된 사람, 노숙자, 교도소 출소자, 보호관찰대상자, 신체정신 장애인, 가정폭력 피해자 및 가해자들의 아픔과 상처와 고민을 듣고 해결해 주면서 큰 보람을 느끼고 있습니다.

그동안 많은 사람이 가정과 사회로 복귀했습니다. 그러나 중독의 문제가 해결되어 작은 천국을 경험하던 사람들도 다시금 재발하는 모습을 보며 안타까운 마음입니다. 그런데 마침 존경하는 박찬영 목사님을 통해 이 책을 읽으면서 오랫동안 풀리지 않았던 과제의 해결을 기대하게 되었습니다.

무엇보다 성경적인 원리와 가치관으로 접근해서 중독성의 본질과 원인, 습관이나 중독에서 벗어날 수 있는 방법, 중독에서 해방된 사람으로 계속 유지해 나가는 방법에 대하여 설명한 내용이 감명깊었습니다.

이 책은 중독의 어려움을 겪는 분들의 온전한 회복을 위해 노력하는 전문 상담가는 물론 중독에 노출되어 고통을 겪는 분과 그 가족을 위한 필독서입니다. 뿐만 아니라 코로나 시대에 집단 우울증을 앓는 한국 사회와 가정과 교회 공동체에 회복과 치유의 큰 희망이 될 것입니다. 기쁜 마음으로 이 책을 추천합니다.

강성기 | 사랑샘성서침례교회 담임목사, 사단법인 사랑샘공동체 대표, 사랑샘선교회 대표

중독의 실타래를 풀고 싶다면

중독은 특정 행동이 자신의 영혼과 삶에 치명적인 해가 될 것임을 알면서도 반복적으로 그 일을 행하는 '집착적 강박'입니다. 문제는 우리 시대의 신자들의 삶에도 중독이 꽤 만연해 있다는 사실입니다. 중독은 습관이란 지점을 훨씬 지나서 형성된 것이기에 의지적인 결심이나 신앙적 결단을 통해서도 쉽게 멈추어지지 않습니다.

어디서부터 그 실타래를 풀어야 할지 막막한 분들은 이 책을 꼭 읽어 보십시오. 중독이 무엇인지, 왜 그것이 우리의 삶에 자리를 잡았는지, 어떻게 하나님과 우리의 관계를 무너뜨리는지를 생생하게 확인할 수 있을 겁니다. 무엇보다 혼자 힘으로 빠져나올 수 없는 중독의 마수에서 해방될 수 있는 실제적인 조언과 구체적인 방법이 만나게 되실 겁니다.

부디, 이 귀한 책을 통해 중독의 자리에서 빠져나오는 은혜가 독자들의 삶에 일어나길 축복하며 이 책을 강력하게 추천합니다.

김관성 | 행신침례교회 담임목사

중독에서 자유로워진 후에도

여러 이유로 나는 '중독'에 관한 책을 쓰기로 했다. 중독에 관한 문헌들을 광범위하게 읽은 후, 중독성, 중독으로부터 자유, 그리고 중독에서 자유롭게 된 이후의 삶에 대한 성경적 근거가 필요하다는 것을 발견하게 되었다.

만약 성경에서 하나님이 타락한 인간을 노예로 만드는 것이 무엇인지, 그 타락한 인간을 자유롭게 할 수 있는 것이 무엇인지, 그리고 그 자유 속에서 살아가는 방법에 대해서 분명하게 말씀하고 있다면, 우리는 반드시 이 지혜를 찾아서 이해하고 활용해야 한다.

주로 중독 문제로 어려움을 겪는 사람들, 배우자와 가족을 35년 이상 상담해 오면서, 습관적이고 중독적인 행동에 관한 전통적인 가르침을 관찰하면서, 습관적이고 중독적인 행동들과 그에 따른 두려움과 죄책감으로 인한 영적 번민에 대해 생각하게 되었다. 그리고 그들의 행동이 변화되고, 즉 특정 행동 패턴에 어느 정도 성공적인 변화를 가져왔다는 것을 알 수 있었다. 하지만 지금은 그러한 전통적인 치료가 마음 치료에 거의 영향을 미치지 않는다는 것도 발견했다.[2]

리치 뮬린스(Rich Mullins)[3]는 '문제의 핵심은 마음의 문제다'라고 했다. 만약 내면이 변하지 않고 외적인 행동만 변했다면, 그 습관이나 중독은 개인의 성취를 위해 의지하려는 또 다른 행동으로 옮겨진다.

우리가 의지하는 것이 하나님이 아니라면 그 어떤 것도 항상 거짓되고 공허할 수밖에 없고, 무엇을 의미하든 그것은 '더 높은 힘'[4]이 될 수 없다. 그것은 채울 수 없는 공허함을 채우기 위한 또 다른 전략일 뿐이다. 채울 수 없는 것을 실제로 채우는 것이 무엇인지 알아보려면 이 책을 계속 읽어 보라. 더 높은 힘이란 가장 높은 힘이 아니라 당신보다 높은 것을 의미한다. 모든 것을 다스릴 수 있는 절대자 하나님이 계신데 잠깐 만족을 줄 뿐인 세상의 헛된 우상 같은 것으로 만족하려는가!

또한 이 책의 글쓰기는 카타르시스.[5] 내 인생에서 원치 않는 습

---

2) 역자 주: 저자가 설립한 린든 센터(Lyndon Center)의 목적은 성경적 진리를 통합하는 기독교 상담과 코칭을 제공하는 것이다. 기독교 원칙의 맥락에서 건강한 정서적 그리고 영적 가능성을 달성하기 위해 봉사하는 각 사람을 돕는 것이 목표다. 자세한 정보는 www.thelyndoncenter.com에서 확인할 수 있다.

3) 역자 주: 리치 뮬린스는 미국의 유명한 크리스천 CCM 가수로서 우리에게도 잘 알려진 〈Our God is Awesome God〉을 작사 작곡하였다. 불의의 교통사고로 1997년 41세의 나이로 주님 품에 가기 전까지 활발하게 사역했다.

4) 역자 주: 'a higher power'를 말한다. 알코올 중독자 모임(AA-Alcoholic Anonymous)에서 사용하는 용어로서 각자가 믿는 신을 의미한다. AA가 처음 시작되었을 때는 절대자 'God'로 시작했지만 시간이 지나면서 다른 종교인에게도 AA 모임을 알리기 위해 a higher power라고 바꾸게 되었다.

5) 역자 주: Catharsis, 남 앞에서 솔직하게 표현하지 못하고 마음속에 억압된 감정들을 언어나 행동을 통해 외부로 표출함으로써 정신적인 안정을 찾는 일.

관과 중독을 경험한 나는 '구제할 수 없는 나쁜 사람'이 되는 것에 대한 두려움과 죄책감, 그것이 주변 사람들에게 어떤 영향을 미치는지 알고 있다. 또한 그 두려움과 죄책감의 짐에서 자유롭게 되는 것이 무엇인지 체험했고, 수년간 그런 두려움과 죄책감으로부터 자유로운 삶을 살아오고 있다. 누구든지 이런 나의 경험을 듣는다면 "주님을 찬양하라"고 말할 것이다.

마지막으로, 모든 행동, 특별히 습관과 중독뿐만 아니라 주의 산만, 자기 방어, 중독 물질 유포, 비밀, 중독 물질 은폐 등이 결국에는 당신을 하나님께로 이끌거나 하나님에게서 멀어지게 할 것이라고 믿기 때문에 이 책을 쓰게 되었다.

예를 들어, 예전에 사람들과의 관계나 그에 수반되는 고통이나 좌절감을 달래려고 술을 마시다가 이제 술을 끊었으나, 집에 있는 동안 남편 혹은 아내 그리고 자녀와 얘기하지 않은 채 TV에 열중하며 이 프로 저 프로를 끊임없이 본다고 하자. 외적으로 술을 끊었지만 내적으로는 아무것도 달라진 것이 없다. 실제로는 자신의 공허함을 채우기 위해 잘못된 전략을 좀 더 수용 가능하고 덜 파괴적인 행동으로 바꾼 것뿐이다.

알코올 중독자 자녀가 겪는 고통과 알코올 중독자가 아닌 부모와 함께 살면서 부모 자식 간에 상호 작용과 대화가 전혀 없는 자녀가 겪는 고통을 비교해 보라. 알코올 중독자 자녀가 알코올 중독에 빠진 부모로부터 받을 신체적 학대 가능성을 제외하면 둘 다 겪는 피해가 몹시 유사하다는 것을 알게 될 것이다.

이 책의 가르침을 배우고 이해하고 적용할 때, 이 책의 진리들이 예수님께서 주신 자유와 풍성한 삶을 누리는 데 효과가 있다고 믿는다. 나는 지속적으로 그 효과가 이뤄지는 것을 보아 왔다. 주님께서 일하시는 것을 계속해서 보았다고 하는 편이 낫겠다.

"그리스도께서 우리를 해방시켜 주셔서, 자유를 누리게 하셨습니다. 그러므로 굳게 서서, 다시는 종살이의 멍에를 메지 마십시오."(갈라디아서 5:1, 새번역)

저자 마이클 그럽스

왜
나쁜 습관에
중독되는가

Addictiveness

1

중독이란 무엇인가

/

Addiction's Definition

중독의 정의는 다양하지만 핵심 단어는 '무능력'이다. 한 가지 행동이나 여러 가지 행위들을 멈추거나 혹은 마음대로 하는 것에 대한 개인의 무능력을 말한다. 그는 연약해서 갈등하는 영역을 다루거나 조절할 능력이 없다.

중독에 대한 전형적인 이해는 행동주의적[6]이다. 중독 치료의 시작과 끝은 행위이기 때문이다. 하나님도 우리 행위에 대해 무척 신경을 쓰신다는 것을 알 수 있다. 구약과 신약의 상당한 분량을 할애해서 하나님 백성의 행위에 관해 말씀하고 있다.

---

[6] 역자 주: 행동주의는 인간의 모든 행동은 외부 조건에 적응하는 과정에서 학습되며 생각이나 감정은 이 학습에 영향을 주지 못한다고 본다.

행위는 영적으로 두 가지 형태로 분류할 수 있다. 하나는 하나님을 기쁘게 하는 행위이다. 또 하나는 사람 혹은 자신을 기쁘게 하는 행위이다. 이에 대한 성경의 예를 찾아보면, 인간이 에덴 동산에서 쫓겨나고 수년 후의 이야기이다. 성경은 이렇게 기록하고 있다.

> "그가 또 가인의 아우 아벨을 낳았는데 아벨은 양 치는 자였고 가인은 농사하는 자였더라 세월이 지난 후에 가인은 땅의 소산으로 제물을 삼아 여호와께 드렸고 아벨은 자기도 양의 첫 새끼와 그 기름으로 드렸더니 여호와께서 아벨과 그의 제물은 받으셨으나 가인과 그의 제물은 받지 아니하신지라 가인이 몹시 분하여 안색이 변하니 여호와께서 가인에게 이르시되 네가 분하여 함은 어찌 됨이며 안색이 변함은 어찌 됨이냐 네가 선을 행하면 어찌 낯을 들지 못하겠느냐 선을 행하지 아니하면 죄가 문에 엎드려 있느니라 죄가 너를 원하나 너는 죄를 다스릴지니라 가인이 그의 아우 아벨에게 말하고 그들이 들에 있을 때에 가인이 그의 아우 아벨을 쳐죽이니라"(창세기 4:2-8)[7]

6절에서 "네가 분하여 함은 어찌 됨이며 안색이 변함은 어찌 됨이냐"라고 가인에게 하신 말씀은 그 딜레마를 묘사하고 있다. 가인이 하나님을 기쁘게 하는 자라면 자신의 분노를 버리고 하나님을 기쁘게 하

---

7) 모든 성경 인용은 특별히 언급하여 표기하지 않을 경우 모두 개역개정이다.

는 행동을 하려고 노력해야 할 것이다. 하나님께서는 일찍이 인류에게 타락한 세상의 한 가지 원칙을 "죄가 문에 엎드려 있느니라 죄가 너를 원하나 너는 죄를 다스릴지니라"라고 설명하신다. 이것은 요한계시록 3장 20절에서 예수님께서 문 앞에서 두드리는 그 문과 같은 마음의 문이다.

> "볼지어다 내가 문 밖에 서서 두드리노니 누구든지 내 음성을 듣고 문을 열면 내가 그에게로 들어가 그와 더불어 먹고 그는 나와 더불어 먹으리라"(요한계시록 3:20)

가인이 사람 혹은 자신을 기쁘게 하려는 것은 이 사건에서 드러났고, 하나님의 심판은 가혹했고 신속했다. 신약 성경에도 비슷한 생각이 발견된다.

> "육신을 따르는 자는 육신의 일을, 영을 따르는 자는 영의 일을 생각하나니 육신의 생각은 사망이요 영의 생각은 생명과 평안이니라 육신의 생각은 하나님과 원수가 되나니 이는 하나님의 법에 굴복하지 아니할 뿐 아니라 할 수도 없음이라 육신에 있는 자들은 하나님을 기쁘시게 할 수 없느니라 만일 너희 속에 하나님의 영이 거하시면 너희가 육신에 있지 아니하고 영에 있나니 누구든지 그리스도의 영이 없으면 그리스도의 사람이 아니라"(로마서 8:5-9)

이 말씀에서 육신을 따르는 자의 마음가짐, 즉 사람 혹은 자신을 기쁘게 하려고 한다면 하나님께 적대적일 수밖에 없고, 하나님을 기쁘게 할 수 없다는 것이다. 그러나 영을 따르는 자는 생명과 평안을 가져온다. 그렇다면 마음을 제어하는 요인이 무엇인가?

생명으로 이끄는 영의 생각은 하나님을 기쁘게 하고, 육신의 생각은 사람 혹은 자신을 기쁘게 하려고 한다. 영과 육은 서로 갈등한다고 선포되었으며, 확실하게 서로 다르고 상반되게 행동한다. 모든 중독은 오직 육신의 생각에서 비롯되며 자신을 기쁘게 하려고 고안되었다.

중독에 시달리는 사람은 중독성 있는 행동을 멈추도록 배울 수 있다. 그렇다고 해서 그 중독자가 하나님을 기쁘게 하는 사람이라는 것을 의미하겠는가? 또 풍성한 삶을 살고 있다는 것인가? 하나님이 주신 소명대로 자유롭게 삶을 사랑하고 있다고 할 수 있겠는가? 하나님은 선지자 예레미야를 통해 이스라엘에게 말씀하셨다.

"여호와의 말씀이니라 너희를 향한 나의 생각을 내가 아나니 평안이요 재앙이 아니니라 너희에게 미래와 희망을 주는 것이니라 너희가 내게 부르짖으며 내게 와서 기도하면 내가 너희들의 기도를 들을 것이요 너희가 온 마음으로 나를 구하면 나를 찾을 것이요 나를 만나리라 이것은 여호와의 말씀이니라 나는 너희들을 만날 것이며 너희를 포로된 중에서 다시 돌아오게 하되 내가 쫓아 보내었던 나라들과 모든 곳에서 모아 사로잡혀 떠났던 그 곳으로 돌아오게 하리라 이것은 여호와의 말

쓸이니라"(예레미야 29:11-14)

하나님은 이스라엘의 사악한 행위와 하나님에 대한 배도 때문에 이스라엘을 포로로 잡혀가도록 하신다는 것이다. 이스라엘 백성들은 70년간 포로 생활을 하게 될 것이다. 그 시간이 끝날 때 하나님은 포로에서의 귀환과 그들을 위해 계획했던 삶으로 그들을 부르시겠다고, 약속하셨다.

하나님께서는 우리가 온 마음으로 하나님을 찾으면 만나게 될 것이고 하나님께서 우리를 자유케 하시고 포로에서 돌아오게 할 것이라고 말씀하고 계신다. 온 마음으로 하나님을 전적으로 찾으면서 마음과 뜻과 정성은 하나님께 초점을 맞춰야만 한다. 그러면 우리를 위해 계획한 포로 귀환에 대한 미래와 희망을 가지고 하나님이 베풀어 주실 풍성한 삶을 경험할 수 있다.

우리 가운데 중독에 빠진 사람들도 하나님께로부터 한 가지 약속을 받았다. 이것을 이해하려면 우리는 먼저 자신의 본성과 중독의 메커니즘을 알아야 한다.

Q&A

1. 당신은 사람(자신)을 기쁘게 하고 싶습니까? 하나님을 기쁘게 하고
   싶습니까?

2. 당신은 어떤 사람이 되고 싶습니까?

2

관계와 목적을 잃어버린 삶

/

Core Issues

인간이 직면한 핵심 문제를 발견하려면 다시 처음으로 돌아가야 한다. 하나님은 우리를 어떻게 창조하셨는지, 우리는 어떻게 존재하게 되었는지를 묻기보다 어떻게 생명을 갖게 되었는지를 물어야 한다.

하나님께서 모든 창조 역사에서 '좋지 않은' 것을 보았다는 최초의 기록은 창세기 2장 18절에 나온다. "여호와 하나님이 이르시되 사람이 혼자 사는 것이 좋지 아니하니 내가 그를 위하여 돕는 배필을 지으리라 하시니라" 하나님은 창조에 대해 다른 모든 것은 보기에 좋았다고 선언하셨다.

아담은 먼저 하나님과 그리고 상대인 이브와 '관계'를 맺고 있어야 했다. 하나님이 아담의 갈빗대에서 이브를 '만든' 이후 아담이 깨어나고 자신의 배필을 바라보았다.

"아담과 그의 아내 두 사람이 벌거벗었으나 부끄러워하지 아니하니라"(창세기 2:25)

이 본문에서 벌거벗었으나 부끄러워하지 않았다는 것은 숨길 것이 없었음을 의미한다. 숨겨야 될 과거가 없고, 자신을 위해 방어해야 할 것이 없고, 숨겨진 생각들이 없고, 숨겨진 동기들이 없고, 숨겨진 아픔이 없고, 교만하지 않고, 용서받지 못한 것이 없다는 뜻이다.

사실 남자와 여자 그리고 그들의 하나님 사이에 모든 것이 개방되어 있고 투명했다. 하나님께서 스스로 아버지와 아들과 성령 하나님 삼위일체의 신비 안에서 관계를 가지며 거하시는 것처럼, 하나님은 인간이 하나님과 관계를 맺고 사람들과 관계를 유지하도록 하셨다. 관계는 인류를 위한 하나님 계획의 핵심 요소이다.

하나님은 한 동산을 만드시고 '에덴'이라 불렀다. 아름다움과 양식 모두를 위해, 생명을 위해, 선악을 아는 지식을 금하기 위해 온갖 종류의 나무를 에덴 동산에 두었다. 그리고 하나님은 사람에게 목적을 주셨다.

"하나님이 그들에게 복을 주시며 하나님이 그들에게 이르시되 생육하고 번성하여 땅에 충만하라, 땅을 정복하라, 바다의 물고기와 하늘의 새와 땅에 움직이는 모든 생물을 다스리라 하시니라"(창세기 1:28)

"그들로 바다의 물고기와 하늘의 새와 가축과 온 땅과 땅에 기는 모든

것을 다스리게 하자 하시고"(창세기1:26)

"여호와 하나님이 그 사람을 이끌어 에덴 동산에 두어 그것을 경작하며 지키게 하시고"(창세기 2:15)

하나님의 목적은 사람이 하나님이 하라고 맡겨 주신 일을 즐기는 것이었지만, 이 일은 사람의 한계를 초월한 일이기도 했다. 아담이 지구상의 모든 생물을 '통치'하고 이 웅장한 동산을 관리할 준비가 되어 있지 않다는 것은 확실했다.

아마도 아담은 '생육하고 번성하는' 방법은 알아냈을 것이다. 그렇다고 아담이 자신의 목적을 달성하기 위해 염려했다는 증거는 어디에도 없었다. 그 이유는 아담이 목적을 주신 하나님과 관계를 맺고 있었기 때문일 것이다. 목적, 의미, 기능은 인류를 위한 하나님의 계획 속에 있는 핵심 요소이다.

요약하면 사람의 영혼은 관계와 목적으로 가득 차 있다. 하나님으로부터 관계와 목적을 부여받은 사람의 영혼은 의미 있는 삶, 무한한 관심과 일을 하며 사는 삶, 하나님께서 모든 창조물을 위해 바라신 그 삶을 살아야 한다.

Q&A

1. 벌거벗은 몸이 된다면 어떠할 것 같습니까?(내면까지 완전히 노출되어
   숨기거나 비밀이 없음)

2. 하나님은 사람의 영혼을 어떤 두 가지로 채우셨습니까?

3

공허함을 채우는 잘못된 전략들

/

Wrong strategies

"내 백성이 두 가지 악을 행하였나니 곧 그들이 생수의 근원되는 나를
버린 것과 스스로 웅덩이를 판 것인데 그것은 그 물을 가두지 못할 터
진 웅덩이들이니라"(예레미야 2:13)

하루는 하나님께서 아담을 에덴 동산으로 이끄시더니 한 가지 명
령을 내리셨다.

"여호와 하나님이 그 사람을 이끌어 에덴 동산에 두어 그것을 경작하
며 지키게 하시고 여호와 하나님이 그 사람에게 명하여 이르시되 동산
각종 나무의 열매는 네가 임의로 먹되 선악을 알게 하는 나무의 열매는
먹지 말라 네가 먹는 날에는 반드시 죽으리라 하시니라"(창세기 2:15-17)

이 한 가지 명령은 금지하기 위한 것이 아니라 보호하기 위한 것이었다. 에덴 동산, 그리고 모든 창조 세계는 매우 놀라웠고 피조물들의 생계를 위한 모든 필요가 제공되었기 때문에 이 '한 가지 명령'이 아담과 이브에게 유혹이 되지 말아야 했다.

이브는 그때 아담에게서 만들어졌고, 그들은 하나님의 동산에서 살았다.

> "그런데 뱀은 여호와 하나님이 지으신 들짐승 중에 가장 간교하니라 뱀이 여자에게 물어 이르되 하나님이 참으로 너희에게 동산 모든 나무의 열매를 먹지 말라 하시더냐 여자가 뱀에게 말하되 동산 나무의 열매를 우리가 먹을 수 있으나 동산 중앙에 있는 나무의 열매는 하나님의 말씀에 너희는 먹지도 말고 만지지도 말라 너희가 죽을까 하노라 하셨느니라 뱀이 여자에게 이르되 너희가 결코 죽지 아니하리라 너희가 그것을 먹는 날에는 너희 눈이 밝아져 하나님과 같이 되어 선악을 알 줄 하나님이 아심이니라 여자가 그 나무를 본즉 먹음직도 하고 보암직도 하고 지혜롭게 할 만큼 탐스럽기도 한 나무인지라 여자가 그 열매를 따먹고 자기와 함께 있는 남편에게도 주매 그도 먹은지라"(창세기 3:1-6)

사단은 하나님의 창조물을 파괴하려는 열망을 가진 간교한 뱀이었다. 어느 날 사단은 이브에게 다가가 대화를 나누었다. 아마 아담은 긴장 상태에 있는 그녀 옆에 서 있었을 것이다. 뱀 곧 사단은 겉보기에는 순수하게 질문하고, 이브는 가능하면 정직하게 대답했다.

이브가 만들어지기 전에 하나님께서 아담에게 주신 그 한 가지 명령과 그녀가 뱀에게 어떻게 응답했는지를 비교해 본다면(창세기 2:16-17과 창세기 3:2-3 비교), 다음과 같은 말이 하나님의 그 한 가지 명령에 추가되었다는 것을 알 수 있다. "그리고 만지지도 말라"[8] 또한 그 교활한 뱀은 "너희가 결코 죽지 아니하리라"라고 이브를 부추겼다. 여러 성경 번역본을 확인해 보라. 의미는 다 같다.

누구나 언제 죽을지는 확실하지 않다. 영혼의 적은 우리를 넘어지게 하기 위해 절반만 맞는 진실을 사용할 것이다. 이것은 사단이 좋아하는 속임수 중 하나다. 사단은 하나님께서 너희에게 무언가를 숨기려고 한다고, 너희를 하나님께 복종시키려는 것이라고, 너희를 무지한 상태로 있게 하려는 것이라고 비난하며 사실을 비튼다.

이것은 열한 살 때 십 대가 되고 싶고, 열여섯 살에는 성인이 되고 싶은 인간의 태도와 같다. 그리고 그때는 좋지 않은 일인데 스스로 자원해서 미성숙한 일을 경험하려는 인간의 태도와 같다. 이런 경우 사단은 너희를 지혜로부터 멀어지게 하고 선악을 구별하지 못하게 하려는 것이라면서 하나님을 비난한다. 아, 우리는 선만 알고 악은 몰랐단

---

8) 필자는 이브가 선악을 알게 하는 나무 근처에 가지 말 것을 '확실하게 하기 위해' 아담이 이 구절을 추가했다고 믿는다. 하지만 이것이 아담의 계획을 실패하게 한 원인이었을 수도 있다.

말인가!

이브가 사단의 도전을 받아들이면서 그녀의 생각은 우리의 죄악된 모습을 드러냈다. 이것이 중요하다! 그녀는 첫째, 그 나무가 하나님이 주신 모든 열매 맺는 나무들처럼 먹기 좋다는 것을 인식했다. 둘째, 그 나무의 열매가 에덴 동산처럼 아름답다는 것을 보았다. 셋째, 그 선악을 알게 하는 나무의 열매를 먹으면 지혜를 얻을 수 있다는 것을 알았다!

그 다음에 일어난 일이 또 중요하다. 그녀는 그 열매를 조금 가져갔다! 손에 들고 '만졌다'. 시험 삼아 열매를 만지다가 하나님의 말씀은 사실이 아니라는 것을 알아차렸다는 것이 내 견해다. 그녀가 열매를 만졌는데도 죽지 않았기 때문이다.

그녀의 몸은 기능을 멈추지 않았고 생각도 멈추지 않았다. 하나님 말씀에 추가된 "그리고 만지지도 말라"는 한 구절이 그녀가 그 한 가지 규칙, 명령, 그리고 그 규칙을 만든 하나님을 불신하도록 부추겼다.

그 다음에 그녀는 그것을 먹었다. 실제로는 바로 그 한 가지 명령, 규칙을 어긴 것이다. 그런 다음 그녀 곁에 있던 남편 아담에게 열매를 주었고 아담도 먹었다. 언제나 인간의 가장 큰 어려움은 하나님의 말씀을 신뢰하는 것이다!

"이에 그들의 눈이 밝아져 자기들이 벗은 줄을 알고 무화과나무 잎을 엮어 치마로 삼았더라 그들이 그 날 바람이 불 때 동산에 거니시는 여호와 하나님의 소리를 듣고 아담과 그의 아내가 여호와 하나님의 낯을 피하여 동산 나무 사이에 숨은지라"(창세기 3:7-8)

아담이 깨어났다! 아담은 무슨 일이 일어났는지 자각할 수 있었다. 아담과 이브는 자신들이 벗은 줄을 알게 되었다. 벗은 줄을 알았다는 것은 이제 숨길 것이 많아지고, 드러내고 싶지 않은 비밀스러운 동기를 가졌다는 것을 의미한다.

아담과 이브는 알몸을 가리기 위해 할 수 있는 일을 했지만, 하나님과 그들 사이의 관계는 깨어졌다. 아담과 이브는 동산에서 하나님의 소리를 듣고 여호와 하나님의 낯을 피하여 숨었다. 그들과 하나님과의 관계가 깨진 것이다.

하나님과 두 영혼의 관계에 있어서 밑바닥 없는 구덩이가 열리고 말았다. 하나님과의 관계, 그리고 두 사람의 관계가 산산이 부서졌다.

"여호와 하나님이 아담을 부르시며 그에게 이르시되 네가 어디 있느냐 이르되 내가 동산에서 하나님의 소리를 듣고 내가 벗었으므로 두려워하여 숨었나이다 이르시되 누가 너의 벗었음을 네게 알렸느냐 내가 네게 먹지 말라 명한 그 나무 열매를 네가 먹었느냐 아담이 이르되 하나님이 주셔서 나와 함께 있게 하신 여자 그가 그 나무 열매를 내게 주므로 내가 먹었나이다 여호와 하나님이 여자에게 이르시되 네가 어찌하여 이렇게 하였느냐 여자가 이르되 뱀이 나를 꾀므로 내가 먹었나이

다"(창세기 3:9-13)

아담은 하나님을 피해 숨어서 여자를 비난하고 있었다. 간접적으로 하나님을 비난하는 것이다. 그 이유는 하나님께서 이브를 "그에게" 주었기 때문이다. 한편 이브는 뱀을 비난하고 있다. 사실 그녀와 아담이 뱀을 다스렸어야 했다. 하지만 아담과 이브는 잘못된 동기를 전혀 회개하지 않았다. 오히려 진실을 숨기고 비밀을 만들었다.

수치심은 중독으로 고군분투하는 사람들이 중독자가 되게 하는 강력한 동기 부여 요소다. 비난과 거짓말들, 우리가 부끄러워하는 것을 숨기고 비밀로 하는 것은 중독성 있는 사람에게 동반되는 제2의 천성이다.

하나님께서는 아담과 이브에게 형벌을 선언하고 그들을 하나님의 동산에서 쫓아냈다.

"아담이 그의 아내의 이름을 하와라 불렀으니 그는 모든 산 자의 어머니가 됨이더라 여호와 하나님이 아담과 그의 아내를 위하여 가죽옷을 지어 입히시니라 여호와 하나님이 이르시되 보라 이 사람이 선악을 아는 일에 우리 중 하나 같이 되었으니 그가 그의 손을 들어 생명 나무 열매도 따먹고 영생할까 하노라 하시고 여호와 하나님이 에덴 동산에서 그를 내보내어 그의 근원이 된 땅을 갈게 하시니라 이같이 하나님이 그 사람을 쫓아내시고 에덴 동산 동쪽에 그룹들과 두루 도는 불 칼

을 두어 생명 나무의 길을 지키게 하시니라"(창세기 3:20-24)

따라서 여호와 하나님께서 아담과 하와를 하나님의 동산에서 쫓아 낸 것은 그들이 스스로 타락한 상태에서 생명 나무의 열매를 먹지 못하게 하려는 것이었다.

24절 "이같이 하나님이 그 사람을 쫓아내시고 에덴 동산 동쪽에 그룹들과 두루 도는 불 칼을 두어 생명 나무의 길을 지키게 하시니라"라는 말씀은 궁금증을 야기한다. 모든 성경 번역본은 생명 나무로(to) 가는 길을 지키게 하시고, 유지되게 하시고, 보존되게 하신다고 설명할 것이다.

이것은 죄에 대한 속박 즉, 관계와 목적의 공허함에서 벗어나야 하는 인류를 위해 하나님이 의도하신 자유로운 삶의 길을 언급한 것이라고 나는 믿는다. 생명 나무에서 쫓겨난 바로 그 순간에 하나님께서 그 나무로 가는 길을 보존하셨다는 것은 중요하다.

인간 타락의 결과는 우리 영혼에는 밑도 끝도 없는 구덩이가 두 개 생겼다는 것이다. 첫 번째 구덩이는 관계를 위한 것이다. 이 밑바닥 없는 구덩이를 채우기 위해 우리는 무엇이든 해야 한다는 것을 역사는 여러 번 반복해서 증명하고 있다. 간음에서 전쟁에 이르기까지, 그리고 이 둘 사이에 있는 모든 것에 이르기까지 우리는 이 개방된 구덩이를 채우려고 끝없이 노력해 왔다.

이 밑바닥 없는 구덩이를 채우기 위해 온갖 종류의 죄와 인간의 발

명품들이 소비되었지만, 이 구덩이는 밑바닥이 없고 궁극적으로 공허하게 비어 있는 상태로 남아 있다. 버림받고, 적응하지 못하고, 오해받은 기분 등과 같은 공허함이 중독의 원천이다.

관계는 연관성과 관련이 있다. 둘 이상의 사람이 서로 관계를 맺거나 연결하는 방식이 정체성을 결정하는 요소다. 우리는 다른 사람들이 어떻게 우리를 사랑하고, 우리와 관계를 맺고, 우리와 연결되는가 하는 측면에서 우리 자신을 확인한다. 이것이 우리가 팀, 그룹, 클럽, 사회, 협회, 리그, 친목회, 남학생 클럽, 여학생 클럽 등을 구성하여 활동하는 이유다.

우리는 비슷한 이상, 철학, 대의 및 활동에 헌신하면서도 다양한 수준에서 서로에게 헌신하는 우리와 같은 사람들과 동일시한다. 우리는 소속되고 싶어 한다! 또한 필요한 사람이 되고 싶어 한다!

영혼의 밑바닥 없는 구덩이는 40년 동안 충실하게 결혼 생활을 해온 부부에게도 마찬가지이다. 40년이나 함께 살아왔음에도 불구하고 서로 배우자에게 사랑하고 사랑받는 것을 말하고 보여줄 필요가 있다. 그것은 성별에 관계없이 사실이다. 왜? 그 구덩이에 바닥이 없기 때문이다.

우리는 이 구덩이를 채울 수 없다. 이 밑바닥이 없는 구덩이가 채워지기를 갈망하며, 효과가 있을 것이라고 생각하는 모든 수단을 사용하여 채우려고 하지만 그럴 수 없다.

중독과 습관은 어떤 물질이나 활동이 그 구덩이를 채울 것이라는 생각에 빠지게 만드는 함정이다. 더 나쁜 것은 잠시 그 구덩이가 채워 지는 것 같지만, 결국 밑바닥이 없는 구덩이는 여전히 밑바닥이 없다 는 사실이다.

그러므로 인간의 영혼은 끝없이 사랑을 갈망한다. 항상 "결점이 이 렇게 많은데 나는 사랑스러운가?"라고 묻는다. 절망적으로 들리는가? 이 책을 계속해서 읽어 보라.

이 밑바닥 없는 두 번째 구덩이는 목적, 의미 또는 영향을 가리킨 다. 인간은 세상과 모든 피조물을 다스리고 에덴 동산을 돌보는 것이 하나님의 원래 목적이다. 그런데 이 목적이 철회되었고, 인간은 원래 목적만큼 중요한 목적을 가지고 밑바닥 없는 구덩이를 채우려고 노력 해 왔다.

그렇지만 우리가 시도해 온 어떤 목적도 첫 번째 목적의 규모에 근 접하지 못하고 있다. 땅에 있는 사람들을 다스리고, 하늘에 도달하기 위해 탑을 쌓고, 우주를 정복하고, 과학의 법칙을 발견하기 위한 크고 작은 모든 노력은 하나님의 첫 번째 목적을 저버린 이후에는 결코 이 밑바닥 없는 구덩이를 채울 수 없게 되었다.

이 공허함이 중독의 두 번째 원인이다. 이 공허함은 무가치하고, 기 대에 부응하지 못하고, 삶의 방향이 없는 느낌, 또는 성취를 향한 야망 이나, 정상에 가기 위해 반복하는 도전과 공허하기만 한 수많은 각본 처럼 정상을 찾기 위한 열망이 없는 상태다.

이 두 가지 밑바닥 없는 구덩이가 가져온 결과는 그것을 만든 분, 바로 하나님을 떠나서는 채울 수 없는 영혼의 공허함을 충족시키려 하고, 그렇게 불가능한 것을 이루기 위해 끈질기게 노력하지만 우리는 잘못된 방식의 전략을 사용한다는 것이다.

> "내 백성이 두 가지 악을 행하였나니 곧 그들이 생수의 근원되는 나를 버린 것과 스스로 웅덩이를 판 것인데 그것은 그 물을 가두지 못할 터진 웅덩이들이니라"(예레미야 2:13)

하나님은 생수의 근원이시다. 나는 이것을 땅속 깊은 곳에서 압력을 받아 표면으로 솟아나는 지하수 우물[9]이라고 연상한다. 이 우물은 시원하고, 불순물이 없고, 깨끗하고, 그리고 생명 유지에 필수적이다. 하나님을 버림으로써 우리는 이 생명을 주는 물을 마시거나 목욕하는 데 쓰지 않고 아주 다른 것을 선택한다.

아담에게서 태어난 모든 사람이 저지르는 첫 번째 죄는 하나님을 저버리는 것이다. 성경에서 죄에 대한 포괄적인 정의는 이사야 53장 6절 상반절에서 찾을 수 있다. "우리는 다 양 같아서 그릇 행하여 각기 제 길로 갔거늘" 우리가 우리 길로 갈 때 하나님께서 우리를 위해 세우신 길에서 벗어나는 것이다. 우리는 생수의 근원을 버리고 있다. "생명

---

9) 역자 주: 자분정(自噴井), 지하수가 수압에 의해 저절로 솟아 나오는 샘.

으로 인도하는 문은 좁고 길이 협착하여 찾는 자가 적음이라"(마태복음 7:14) 예수님은 그의 백성의 길은 좁고 똑바르다고 말씀하셨다.

두 번째 죄는 스스로 웅덩이를 팠다는 것이다. 이 웅덩이는 오직 인간의 힘으로 자신의 삶을 유지하려고 애써야 하는 웅덩이다.

이 웅덩이들은 1년 중 무더운 건기에 오랫동안 비가 그쳤을 때 사용하도록 빗물을 모아 놓는 곳이다. 좀 더 현대적인 해석하면 뒷마당에 새를 위해 콘크리트로 만든 물통[10]을 연상해 본다. 날씨가 덥고 비가 거의 내리지 않는 여름이면 새의 물통은 어쩌다가 물이 채워지거나 아니면 잔디나 정원에 물을 주려고 작동되는 스프링클러에 의해서만 채울 수 있다.

새는 똥오줌을 가리는 훈련이 안 된 것으로 유명하다. 즉, 새들은 그 물통에 아무렇지 않게 똥이나 오줌을 싼다. 더 나아가 새들은 그 물통에서 몸을 씻고 깃털에 물을 뒤집어쓰며 먼지와 꽃가루 등을 씻어낸다. 뿐만 아니라 무더운 여름이면 새 물통의 바닥에는 지저분한 녹색의 이끼류가 낀다.

이것을 생각해 보라. 우리는 물을 마시기 위해 수정처럼 맑고, 깨끗하고, 불순물이 없고, 시원한 물이 자유롭게 흐르는 샘을 찾기보다는 우리의 갈증을 해소하기 위해 뒷마당에 고여 있는 여름철 새의 물통으로 향하고 있는 것이다. 상상할 수 없는 일이지 않은가? 다시 한번 예

---

10) 역자 주: a birdbath는 '새를 위한 물통'으로 번역했다.

레미야가 전하는 예레미야 2장 13절 말씀을 읽어 보라!

이것을 우리의 핵심 문제인 관계 및 목적에 어떻게 적용할까? 이러한 핵심 문제들은 우리 영혼 속에 있는 '밑바닥이 없는 구덩이들'이라는 것을 기억하라. 그 밑바닥이 없는 구덩이들은 채워질 것을 요구한다. 그 구덩이들은 끊임없이 우리의 관심을 불러일으키는 지속적인 갈증을 만들어 낸다.

몇 시간 동안 아무것도 마시지 않고 땀을 흘리며 운동을 하거나 더운 날씨에 밖에서 작업을 해 보라. 곧바로 당신이 생각할 수 있는 것은 물을 마시는 것뿐이다! 몸은 스스로 수분을 보충하기 위해 마음과 공모하고 있다. 수분 보충을 더 오래 미룰수록 몸은 더 많은 물을 요구한다. 곧바로 당신은 작업 속도를 늦추기 시작하고, 혀가 부어오르고, 목이 닫히고, 현기증을 느끼기 시작한다. 그래서 당신은 심한 갈증에 주의를 기울이게 되고, 그 갈증을 해소하려고 하는 것이다.

마찬가지로 밑바닥이 없는 구덩이는 끊임없이 자신에게 주의를 환기시키며 우리의 영혼을 관계와 목적으로 가득 채울 것을 요구한다. 우리는 생수의 근원을 버리고 악취가 나고 부패하고 썩은 것으로 자신을 채우는 바로 그 새의 물통으로 몇 번이고 반복해서 되돌아간다. 이것이 바로 우리 영혼의 밑바닥이 없는 구덩이들을 채우는 '잘못된 전략들'이다.

이러한 구덩이를 채우려고 술, 온갖 종류의 마약, 섹스, 도박, 섭식, 오락, 일, 취미, 성공 등을 사용해 애쓸 수 있지만, 그것들은 밑바닥이 없다. 우리는 몇 분 동안 '포만감'을 느끼거나 잠시 마취되어 일시적으로 '만족감'을 느낄 수 있지만 다시금 갈증이 생기고, 또 생기기를 반복한다. 이것이 중독의 시작이다.

우리가 아무리 도박을 해도, 아무리 음란물을 많이 보더라도, 아무리 많은 술을 마셔도, 여러 파트너와 갖가지 성행위를 해도, 어떤 종류의 마약에 수없이 손을 대도, 많은 일로 성과를 내거나 높은 승진을 해도, 재산을 아무리 많이 모아도, 아무리 많이 먹어도, 아무리 많은 영화를 보아도 항상 채워지지 않은 상태이고 또 다시 텅 비어 있을 것이다! 이처럼 끝없이 밑바닥 없는 구덩이를 채우기 위해 잘못된 전략들을 사용하지만 여전히 밑바닥이 없는 상태로 남는다. [11]

하나님을 버린 인간 본성은 이 밑바닥 없는 구덩이를 채우려는 노력에 있어서는 창의적이고 혁신적이다.

> "그는 허물과 죄로 죽었던 너희를 살리셨도다 그 때에 너희는 그 가운데서 행하여 이 세상 풍조를 따르고 공중의 권세 잡은 자를 따랐으니 곧 지금 불순종의 아들들 가운데서 역사하는 영이라 전에는 우리도 다 그 가운데서 우리 육체의 욕심을 따라 지내며 육체와 마음의 원하는 것을 하여 다른 이들과 같이 본질상 진노의 자녀이었더니"(에베소서 2:1-3)

---

11) 이것들 중 많은 것은 그 자체는 악하지 않지만 성취를 위한 잘못된 전략들이다.

우리의 표현대로 우리가 허물과 죄로 죽었다는 것을 말하자면 우리가 계속해서 새 물통의 물을 마시는 것이며, 이것은 밑바닥이 없는 구덩이를 채우기 위한 잘못된 전략들이다. 공중의 권세 잡은 자는 사단이다.

아담과 하와를 유혹하여 하나님처럼 지혜로워지고자 하는 그들의 갈망을 충족하게 했던 바로 그 사단은 지금도 불순종하는 모든 사람, 생수의 근원이신 하나님을 버린 모든 사람 속에서 일하고 있다.

"이 죄악된 본성은 갈망한다!(This sinful nature craves!)" 이 문장은 우리의 눈을 뜨게 해 준다. 웹스터 사전(Webster Dictionary)은 '갈망(crave)'을 다음과 같이 정의한다.[12]

1. 동의어: 구걸하다(beg), 호소하다, 애원하다, 대비를 하다, 간청하다, 성가시게 조르다, 간구하다, 기도하다, 간절히 원하다.

2. 동의어: 갈망하다(desire), 선택하다, 탐내다, 소망하다, 원하다, 바라다.

3. 동의어: 열망하다(long), (~하고 싶어) 못 견디다, 꿈꾸다, 갈망하다, 굶주리다, 욕망하다, 애타게 그리워하다, 한숨을 쉬다, 탄식하며 말하다, 그리고 갈망하다.

4. 동의어: 요구하다(demand), 요청하다, ~을 요구하다, ~을 필요하

---

12) Merriam-Webster, I. (1996). Merriam-Webster's collegiate thesaurus. Springfield, Mass. : Merriam-Webster.

게 만들다, 요구하다, 취하다.

영혼의 밑바닥 없는 구덩이들의 끝없는 갈증이 갈망을 만든다. 이 갈망의 만족은 우리가 있는 힘을 다해 추구하는 것이며, 공허함을 채우려는 시도로써 우리를 움직인다. 다음으로 우리는 죄악된 본성이 단순히 만족스럽지 못해서가 아니라 갈망과 욕구에 의해 주도된다는 것을 안다. 죄악된 본성은 우리의 공허함이 채워져야 할 만한 자격이 있다고 믿게 만든다!

이러한 갈망들은 우리의 특성에 맞추어져 있다. 누구는 햄버거에 케첩 넣는 것을 좋아하고 누군가는 마요네즈 넣는 것을 좋아한다. 개인의 취향은 우리가 갈망하는 것이고, 그것들은 곧 우리가 선호하는 것이다. 죄악된 본성도 이러한 생각을 한다! 이 '생각'을 이해하는 한 가지 방법은 '책략'일 수 있다. 이 생각은 우리가 갈증과 갈망, 채워지지 않는 것을 만족시킬 방법을 찾는 데 집중한다는 것이다.

이 책략 혹은 사고의 개념은 우리 영혼의 채울 수 없는 구덩이를 채우는 것에 관한 전략을 포함한다. 누구나 이런 경험을 가지고 있다. 우리는 아이스크림을 먹겠다고(desire) 결정하고, 그 결정을 해서는 안 된다는 것을 안다.

다음으로 우리의 마음은 아이스크림을 먹고 즐기는 것을 정당화하고 합리화하기 시작하더니 어떻게 하면 배우자에게 아이스크림을 사오게 할 수 있는 지를 알아내어 그것을 사기 위해 일어날 필요가 없게 한다. 아니면 '그들이 잠자리에 들기까지 기다렸다가 아이스크림을 먹을 것이기 때문에 자기 전에 아이스크림을 먹지 말아야 하는 잔소리에 굳이 귀기울일 필요가 없다'고 생각하게 된다.

　이것은 매우 단순하고 순진한 예화다. 우리의 죄악된 본성은 영혼의 밑바닥이 없는 구덩이를 채우기 위해 지속적으로 노력하면서 복잡하고 다양한 방법으로 잘못된 전략들을 운영하고 있다.

　우리를 이끌고 동기를 부여하며 만족을 얻도록 강요하는 것이 바로 갈망이다.[13] 만족의 대상을 지시하고 선택하는 것은 욕망이다. 만족을 얻는 방법을 고안하는 것은 생각과 책략이다. 이것이 중독성의 본질이다.

---

13) 역자 주: 1965년도 롤링스톤(Rolling Stones)의 히트 곡 〈나는 어떤 만족도 얻을 수 없다〉의 가사를 읽어 보라.

I Can't Get No Satisfaction

The Rolling Stones(1965)

I can't get no satisfaction   나는 어떤 만족도 얻을 수 없어(×2)

I can't get no satisfaction   나는 노력하고 노력하고 또 노력해

And I try, and I try, and I try, and I try   하지만 난 아무것도 얻을 수 없어(×2)

I can't get no. I can't get no.

When I'm drivin' in my car   운전을 하고 있는데

And that man comes on the radio   라디오에 어떤 남자가 나왔지.

He's tellin' me more and more   그는 내 상상력을 자극하는데

About some useless information   아무 짝에도 쓸모없는

Supposed to fire my imagination   이야기를 점점 더 많이 했지

I can't get no , no, no, no   하지만 난 아무것도, 아무것도, 아무것도

Hey, hey, hey,That's what I say,   얻을 수 없어

yeah, yeah   헤이, 헤이, 헤이. 이게 내가 말하려는 거야

I can't get no satisfaction   나는 어떤 만족도 얻을 수 없어(×2)

I can't get no satisfaction   나는 노력하고 노력하고 또 노력해

And I try, and I try, and I try, and I try   하지만 난 아무것도 얻을 수 없어(×2)

I can't get no,I can't get no

When I'm watching my TV	내가 TV를 보고 있는데
And that man comes on and to tell me	한 남자가 내게 와서 말해
How tight my skirts should be	내 치마가 얼마나 꽉 끼어야 하는지
Well he can't be a man cause he	그는 담배를 피지 않아서
doesn't smoke	절대 남자가 될 수 없어
the same cigarettes as me	나와 같은 담배 말이야.
I can't get no , oh, no, no,no	난 아무것도, 아무것도, 아무것도
Het hey hey, that's what I say.	얻을 수 없어
	헤이, 헤이, 헤이. 이게 내가 말하려는 거야

I can't get no, satisfaction	나는 어떤 만족도 얻을 수 없어(×2)
I can't get no, satisfaction	

Cause I try, and I try, and I try	왜냐하면 나는 노력하고 노력하고 또 노력해
I can't get no, I can't get no	하지만 난 아무것도 얻을 수 없어(×2)

When I'm riding the world	내가 세계를 여행하고 있는데
And I'm doing this and I'm singing that	난 이걸 하고 저걸 노래해
And I'm trying to make some girl	그리고 난 여자 친구를 만들려고 하지
Who tells me baby, better come back,	내게 '자기야, 다시 왔으면 좋겠어, 어쩌면
maybe next week.	다음 주에'라고 말해 주는

Cause you see, I'm on a losing streak	너도 알다시피,
I can't get no, oh no no no	난 지금 연달아 패하고 있기 때문이야
Hey hey hey! That's what I say	난 아무것도, 아무것도, 아무것도
	얻을 수 없어
	헤이, 헤이, 헤이. 이게 내가 말하려는 거야

1. "비난과 거짓말, 우리가 부끄러워하는 것을 숨기고 비밀로 하는 것
   은 중독성 있는 사람에게 동반되는 제2의 천성이다."
   a. 이것이 당신에게 사실입니까? 어떤 면에서 그렇습니까?
   b. 당신은 누구에게 허물없이 가감 없이 공개합니까?
   c. 허물없이 가감 없이 완전히 드러내도 당신을 믿어 줄 사람은 누
      구입니까?

2. '밑바닥 없는 구덩이'를 채우기 위해 어떤 '잘못된 전략들'을 사용하
   고 있습니까?

4

습관이 중독이 되기까지

/

Habits and Habituation

누구든지, 가족이나 그룹의 사람들은 그들의 행동에서 습관을 형성한다. 샤워할 때 이런 시도를 해 보라. 만약 샤워할 때 늘 그렇듯이 신체의 특정 위치에서 시작한다면, 그와는 반대 위치에서 샤워를 시작해 보는 것이다.

이것이 당신을 극도로 초조하게 만든다는 사실을 발견하게 되고, 곧 샤워를 어떻게 마무리해야 할지에 대해 어찌할 바를 모를 수 있다. 이렇게 시도하고 나서 너무 혼란스러운 나머지 그 다음에는 항상 하는 방식으로 다시 시작하면서, 얼마나 안심이 되던지!

습관 그 자체를 비난하는 것은 아니다. 하지만 때때로 죄악된 행동과 관련된 습관은 고통스러울 수 있다. 그 습관은 영혼의 밑바닥 없는 구덩이들을 채우기 위한 한 가지 혹은 그 이상의 잘못된 전략들로부터 꾸준히 발생할 것이다.

예를 들어, 직장에서 도저히 용납할 수 없는 낮은 업무 성과 평가서를 받고 상사에게 화가 날 수 있다. 그때 마음속 깊은 곳에서 내 영혼을 위해 기분 좋게 할 필요가 있다고 생각한다.

내가 '의존하는' 행동은 기분 좋게 하기 위해 초콜릿을[14] 먹는 것이므로 캐드버리 초콜릿(Cadbury Chocolate)[15] 1/2 파운드를 먹는다. 이것이 기분을 한결 나아지게 하기 때문에 다음, 그 다음에도 기분을 바꾸기 위해 초콜릿을 먹게 된다.

이런 행동은 분명히 아무런 문제가 없는 것 같지만 몇 년 후, 콜레스테롤에 의해 동맥이 막히고 체중이 20킬로그램이나 더 늘게 된다면 생각이 달라질 것이다.

웹스터 사전에서는 습관을 다음과 같이 정의[16]하고 있다.

1) 사람의 생각과 감정의 지배적인 성향 또는 성격, 정신 구성

2) 안정된 경향 또는 일반적인 행동 방식(아침 산책을 하는 그녀의 습관)

3) a. 잦은 반복으로 획득한 행동 패턴 또는 규칙적으로 나타나거나 수행 능력이 향상되는 생리적 노출

   b. 거의 또는 완전히 자기도 모르게 획득된 행동 방식(습관의 힘으

---

14) 각자 자신들이 의존하는 것으로 대체할 수 있다.
15) 역자 주: 미국의 초콜릿 회사 브랜드.
16) Merriam-Webster, I. (2003). Merriam-Webster's collegiate dictionary. (Eleventh ed.). Springfield, Mass.: Merriam-Webster, Inc.

로 일찍 일어났다)

　습관이란 처음에 생각이나 느낌으로 시작하다가 반복되는 행동으로 발전되고, 그 행동들이 하나의 패턴을 형성하는데, 결국 '거의 자기 의사와는 상관없는' 습관이 되고 만다. 이러한 진행은 중독성 있는 행동으로 연결되고 습관화로 이어진다.

　습관화의 정의는 다음과 같다. 심리적인 원인에 의해 신체적 의존성과는 상관없는 약물을 반복적으로 복용한 결과, 신체적인 것이 아닌 심리적 의존성이 생기고 그로 인해 만족감을 얻으려고 계속 약물이나 알코올을 복용하려는 욕구가 자연스럽게 생성된 상태를 말한다. 습관화된 사람들은 강박이 아니더라도 동일한 만족감을 얻기 위해 원치 않는 습관에 점점 더 깊이 빠져들게 된다. 스스로 자신의 행동을 통제하거나 중단할 수 없다면 중독으로 분류된다.[17]

　갖가지 죄악된 행동이 이와 같은 길을 따라가며, 크리스천이라고 해도 그럴 수 있다. 다음은 웹 사이트(Candeocan.com)에 있는 인터뷰 기사에서 하이드 박사(Dr. Randy Hyde)가 독자의 질문에 답변한 내용이다.

　　"나의 반응: 대개 지속적으로 포르노를 접하는 사람은 컴퓨터 사용 시간을 늘리게 되고, 갈수록 성도착자로 변한다는 사실을 발견했다. 이

---

17) 이 정의는 Candeocan.com에서 가져왔다.

는 뇌가 습관화되고 그 행동에 자연스럽게 내성을 갖는 경향이 있기 때문이다. 따라서 동일한 최고치의 자극을 얻기 위해서는 더 높은 수준의 자극이 필요하다. 어떤 중독이라도 마찬가지다. 술에 대한 내성이 축적되어 술에 취하거나 '신바람 나고 기분 좋은' 감정을 얻기 위해 점점 더 많은 알코올을 섭취해야 한다. 포르노 중독도 동일하다.[18]

여러 신약 성경의 저자인 사도 바울은 이렇게 말한다.

"내 속 곧 내 육신에 선한 것이 거하지 아니하는 줄을 아노니 원함은 내게 있으나 선을 행하는 것은 없노라 내가 원하는 바 선은 행하지 아니하고 도리어 원하지 아니하는 바 악을 행하는도다 만일 내가 원하지 아니하는 그것을 하면 이를 행하는 자는 내가 아니요 내 속에 거하는 죄니라 그러므로 내가 한 법을 깨달았노니 곧 선을 행하기 원하는 나에게 악이 함께 있는 것이로다 내 속사람으로는 하나님의 법을 즐거워하되 내 지체 속에서 한 다른 법이 내 마음의 법과 싸워 내 지체 속에 있는 죄의 법으로 나를 사로잡는 것을 보는도다 오호라 나는 곤고한 사람이로다 이 사망의 몸에서 누가 나를 건져내랴 우리 주 예수 그리스도로 말미암아 하나님께 감사하리로다 그런즉 내 자신이 마음으로는 하나님의 법을 육신으로는 죄의 법을 섬기노라"(로마서 7:18-25)

---

18) Dr. Randy Hyde, www.Candeocan.com 2/24/10.

바울은 자신에게 전쟁이 벌어지고 있으며, 자신의 행동은 '내가 원치 않는 악'이라고 분명히 말하면서도 '원치 않는 악'을 계속하고 있다! 그가 선을 행하기를 원할 때도[19] 악이 함께 하는 것이다.[20] 앞서 23절 "내 지체 속에서 한 다른 법이 내 마음의 법과 싸워 내 지체 속에 있는 죄의 법으로 나를 사로잡는 것을 보는도다" 말씀에서 보았듯이 전쟁은 마음속에서 벌어지고 있다![21]

우리는 모두 다음과 같은 생각을 한다. '나는 오늘 힘들게 하루를 보냈으니 휴식을 취하기 위해 몇 잔의 술을 마실 자격이 있어.' '내 배우자는 나를 정말 힘들게 해. 그러니 나는 마땅히 ○○할 만해.' '나는 극심한 압박에 시달리고 있으니 ○○할 필요가 있다.' 죄악된 본성을 갈망하는 이의 마음에는 이러한 생각들과 더불어 더 많은 것이 훨씬 쉽게 떠오른다.

로마서 8장 5절은 "육신을 따르는 자는 육신의 일을, 영을 따르는 자는 영의 일을 생각하나니"라고 했다. 우리의 습관이나 중독적인 행동에 대한 자기 합리화와 정당화는 차고도 넘친다.

---

19) 모든 중독에 빠져 있는 사람들이 선을 행하고 싶어 한다.
20) 이 책의 1장에서 소개한 가인을 기억하라. "네가 선을 행하면 어찌 낯을 들지 못하겠느냐 선을 행하지 아니하면 죄가 문에 엎드러 있느니라 죄가 너를 원하나 너는 죄를 다스릴지니라"(창세기 4:7)
21) "내 지체 속에서 한 다른 법이 내 마음의 법과 싸워 내 지체 속에 있는 죄의 법으로 나를 사로잡는 것을 보는도다"(로마서 7:23)

Q&A

1. 당신은 어디에 갇혀 있습니까? 어떤 습관을 끊을 수 없습니까?

2. 원치 않는 습관과 중독을 지속시키는 당신의 '잘못된 전략'은 무엇 이라고 생각합니까?

3. 당신의 습관과 중독을 어떻게 정당화하거나 합리화합니까?

5

의존성은 중독의 시작

/

Dependencies

의존성은 영혼의 밑바닥 없는 구덩이를 채우기 위해 잘못된 전략 속에 갇힌 결과다. 우리가 죄악된 본성의 욕구를 만족시키기 위해(에베소서 2:3)[22] 사용했다면 무엇이든 잘못된 전략이 될 수 있다.

여기에는 알코올, 마리화나, 도박, 처방약 및 불법 약물, 음란물, 성행위, 폭식 또는 거식, 과로, 차일피일 미루기 등이 포함된다. 중독일수도 있고 아닐 수도 있는 일부 의존성에는 비디오 게임, 텔레비전, 영화, 일[23], 충동구매, 절도, 과속, 인터넷 및 페이스북, 트위터 등과 같은 소셜 미디어 사용, 위험한 행동 등이 있다. 만약 평안함, 안정감, 충족

---

22) 에베소서 2:3 "우리도 모두 전에는, 그들 가운데에서 육신의 정욕대로 살고, 육신과 마음이 원하는 대로 행했으며, 나머지 사람들과 마찬가지로 날 때부터 진노의 자식이었습니다."(새번역)
23) 직장 또는 그냥 무언가 끊임없이 일을 하는 것.

감, 만족감, 행복감 또는 어려움에서 도피하기 위해 이런 것들에 의존한다면, 그것은 중독성의 시작점이 될 것이다.

> "누가 철학과 헛된 속임수로 너희를 사로잡을까 주의하라 이것은 사람의 전통과 세상의 초등학문을 따름이요 그리스도를 따름이 아니니라"(골로새서 2:8)

바울은 여기서 골로새 교회 성도들에게 포로 가능성에 대해 경고하고 있다. 가장 먼저 당신을 포로로 데려 갈 수 있는 사람은 누구인가? 그 해답은 바로 당신 자신이다!

'철학과 헛된 속임수'는 당신이 '그것'을 충분히 얻거나 또는 이것저것 적절히 조합된 것을 얻음으로써 실제로 공허함을 채울 수 있다는 생각일 수 있다. '사람의 전통'은 아마도 부모나 친척, 친구들에게서 만족을 얻은 것과 같은 모습이 보여졌기 때문일 것이다. 예를 들면, 일중독 아들은 종종 자신의 일중독 아버지처럼 된다. 이 타락한 '세상의 초등학문'은 육신의 정욕[24], 안목의 정욕[25], 이생의 자랑[26]을(요일2:16)[27] 충족시키려는 노력일 것이다.

---

24) 육체적 욕구
25) 보는 것을 얻고자 함
26) 부와 명성
27) 요한일서 2:16 "세상에 있는 모든 것, 곧 육체의 욕망과 눈의 욕망과 세상 살림에 대한 자랑은 모두 하늘 아버지에게서 온 것이 아니라, 세상에서 온 것이기 때문입니다."(새번역)

공허함을 채우기 위해 예수 그리스도 이외의 다른 것에 의지한다면 포로가 되도록 자신을 노출시키고 있는 것이다. 그것은 첫째, 신속한 만족을 주어 습관이 된다. 다음으로, 그것이 습관화되면 그것을 점점 더 많이 찾게 된다. 그런 다음, 평안함과 여유로움을 얻고, 좌절감이나 분노를 해소하고, 삶의 어려움에서 벗어나고, 자신과 타인으로부터 은신처를 얻고, 스트레스를 완화하고, 무감각하게 되기 위해 이런 것들을 의존하게 될 때 당신은 감옥에 갇히게 된다.

무언가 의존하지 않는 삶을 상상할 수 없는 이 단계에 이르면 덫에 걸린 것이고, 함정에 빠진 것이며, 포로가 된 것이고, 노예가 된 것이다. 이전에 말했듯이 이러한 의존성은 활동, 약물과 같은 물질, 심지어 사람에게도 의존하게 되는데, 모두 같은 결론에 이른다.

영혼의 공허함을 채우고자 하는 무자비하고 끈질긴 욕구를 채우기 위해 하나님이 아닌 다른 것에 의존하는 잘못된 전략을 사용하는 것은 노예 생활과 다를 바 없다.

> "예수께서 대답하시되 진실로 진실로 너희에게 이르노니 죄를 범하는 자마다 죄의 종이라"(요한복음 8:34)

예수님은 죄인은 죄의 종이라고 말씀하셨다. 우리의 상황에서 이것은 자신의 공허함을 채우려고 노력하다가 그 노력 안에 갇히게 되었을 때, 자신이 포로가 되었다는 것을 의미한다고 믿는다. 잘못된 전략을 계속 사용하게 되면 엄청난 결과를 초래한다.

중독은 당혹감, 수치심, 불명예, 죄책감, 무력감, 절망감을 수반한다. 하나님이 아닌 다른 것에 의존하는 사람들의 대부분은 자존감, 자부심, 존경심, 가치 및 자아존중감이 결여된다. 가치 있고, 중요한 것에 대한 소속감을 잃는 것이다.

중독은 우리를 관계와 목적에서 더욱 분리시키지만 중독된 사람은 영혼의 밑바닥 없는 구덩이를 채우려는 시도를 멈출 것 같아 보이지 않는다. 그것은 자기혐오와 자가 치료의 악순환이 되고 만다.

알버트 아인슈타인(Albert Einstein)은 '광기의 정의는 다른 하나의 결과를 기대하며 똑같은 일을 계속해서 반복하는 것이다'라고 말했다. 이런 의미에서 중독은 광기다!

Q&A

1. 당신은 어떤 습관에서 자유롭고 싶습니까?

2. 당신은 스트레스를 받을 때 무엇에 의존합니까?

3. 당신이 의존하는 것들은 무엇입니까?

4. 당신은 무엇에 중독되었습니까?

PART 2

중독에서
벗어날 수
있는가

Liberation

오직 자유로워지기를 기대하라

/
Liberation

"그리스도께서 우리를 자유롭게 하려고 자유를 주셨으니 그러므로 굳건하게 서서 다시는 종의 멍에를 메지 말라"(갈라디아서 5:1)

하나님은 당신이 자유롭게 되기를 원하신다! 하나님이 아들을 세상에 보내신 것은 우리를 죄의 속박에서 해방되도록 하기 위해서다.

"그러므로 이제 그리스도 예수 안에 있는 자에게는 결코 정죄함이 없나니 이는 그리스도 예수 안에 있는 생명의 성령의 법이 죄와 사망의 법에서 너를 해방하였음이라"(로마서 8:1-2)

그러나 우리는 하나님의 율법을 지키지 못했고, 다양한 전략으로 수없이 스스로를 채우고자 노력했다. 스스로 만든 계획에 의존하게 되었고, 조금만 더 하면, 한 번만 더 하면 영혼의 공허함이 채워질 것이라고 믿으면서 이러한 잘못된 전략의 노예가 되었을지도 모른다.

밑바닥 없는 구덩이를 채우는 것은 무엇일까? 대부분의 사람은 '바보 같은 질문이잖아! 밑바닥 없는 구덩이는 결코 채울 수 없어!'라고 생각하기 마련이다. 당신도 이렇게 대답한다면 틀렸다!

무한한 어떤 것이 밑바닥 없는 구덩이를 가득 채운다! 오직 무한하시고 전능하신 하나님만이 당신 영혼 속에 있는 관계를 향한 밑바닥 없는 구덩이를 채울 수 있다! 오직 그분만이 당신 영혼 속에 있는 목적과 의미를 향한 밑바닥 없는 구덩이를 채울 수 있다! 그분은 당신이 넘쳐흐를 만큼 풍성하게 가득 차기를 원하시고 오직 그분만이 하실 수 있다!

이 엄청난 약속에서 당신의 역할은 무엇인가? 당신은 오직 자유롭게 되기를 원해야만 한다! 사슬에 묶여 있기를 원하는 것보다 자유롭게 되기를 더 원해야만 한다. 갈망과 욕망을 채우고자 하는 것보다 더 자유롭게 되기를 원해야만 한다. 당신은 자유를 간절히 원해야만 하고, 포로가 되는 것을 미워해야만 하고, 자유롭게 되기를 갈망해야만 한다. 그리고 하나님께서 당신의 공허함을 채우고도 남을 만큼 충분한 능력이 있다는 것을 믿어야만 한다!

"또 여호와를 기뻐하라 그가 네 마음의 소원을 네게 이루어 주시리로다 네 길을 여호와께 맡기라 그를 의지하면 그가 이루시고 네 의를 빛 같이 나타내시며 네 공의를 정오의 빛 같이 하시리로다"(시편 37: 4-6)

시편 기자는 당신의 마음과 삶에서 하나님이 가장 우선일 때 원하는 것이 주어질 것이라고 말하고 있다. 하나님을 우선으로 둘 때 거룩한 것만 바라게 된다! 시편 기자는 계속해서 여호와께 맡겨야 한다고 말한다. 하나님의 길은 옳으며, 그분이 당신의 길을 이루고, 당신이 따라야 할 길을 정하며, 이 길이 영혼의 만족함으로 인도하기 때문이다!

기자는 계속해서 "그를 의지하면 그가 이루실 것이다."라고 말한다. 얼마나 위대한 약속인가! 우리 자신을 하나님께 온전히 바칠 때 우리는 그 어떤 부족함도 없을 것이다! 전적으로 하나님께 우리 자신을 바칠 때 그분은 우리를 포로에서 자유롭게 하실 것이다.

"너희가 온 마음으로 나를 구하면 나를 찾을 것이요 나를 만나리라 이것은 여호와의 말씀이니라 나는 너희들을 만날 것이며 너희를 포로된 중에서 다시 돌아오게 하되 내가 쫓아 보내었던 나라들과 모든 곳에서 모아 사로잡혀 떠났던 그 곳으로 돌아오게 하리라 이것은 여호와의 말씀이니라"(예레미야 29:13-14)

하나님은 당신을 어둠 속에서 하나님의 놀라운 빛으로 부르고 계신다. (베드로전서 2:9)[28] 하지만 당신의 죄악된 본성의 욕구를 만족시키는 것과는 대조적으로, 하나님과의 삶을 위한 당신의 허기짐과 갈급함을 인식하는 것은 어려운 일이다. (에베소서 2:3)

바울은 갈라디아서 2장에서 갈라디아 교인들에게 글을 쓸 때 "내가 그리스도와 함께 십자가에 못 박혔나니 그런즉 이제는 내가 사는 것이 아니요 오직 내 안에 그리스도께서 사시는 것이라 이제 내가 육체 가운데 사는 것은 나를 사랑하사 나를 위하여 자기 자신을 버리신 하나님의 아들을 믿는 믿음 안에서 사는 것이라"(갈라디아서 2:20)라는 결론에 도달했다.

바울은 밑바닥 없는 구덩이를 가득 채울 수 있는 무한한 분으로부터 생명을 얻고 있었다.

> "예수를 죽은 자 가운데서 살리신 이의 영이 너희 안에 거하시면 그리스도 예수를 죽은 자 가운데서 살리신 이가 너희 안에 거하시는 그의 영으로 말미암아 너희 죽을 몸도 살리시리라"(로마서 8:11)

이 진리는 잘못된 숭배 전략으로 목적을 위해 밑바닥 없는 구덩이를 채우고자 했던 바빌로니아의 왕 느부갓네살에 의해 증명된다.

하나님은 종인 사드락, 메삭, 아벳느고와 함께 용광로 안에 있는 왕

---

28) 베드로전서 2:9 "그러나 여러분은 택하심을 받은 족속이요, 왕과 같은 제사장들이요, 거룩한 민족이요, 하나님의 소유가 된 백성입니다. 그래서 여러분을 어둠에서 불러내어 자기의 놀라운 빛 가운데로 인도하신 분의 업적을, 여러분이 선포하는 것입니다."(새번역)

의 모습을 느부갓네살에게 보여주신다. 느부갓네살 왕은 이 기적을 목도했지만 순종해야 한다고 인정[29]하기를 거부했다. 하나님은 느부갓네살 왕을 7년 동안 마음의 사슬에 묶어 놓은 후에야 해방시키셨다! 성경을 펴서 다니엘 3장과 4장을 읽어 보라.

이 진리는 내담자 제프의 삶 전체를 묶어 놓은 사슬인 실패에 대한 두려움을 통해서도 드러나게 된다. 목적과 관계를 위한 그의 잘못된 전략은 알코올 중독과 불륜으로 끝났다.

하나님이 제프를 중독에서 자유롭게 하셨을 때 실패에 대한 두려움을 향한 응답은 "다시는 다른 실수를 하지 말라."는 것이었다. 이것은 그를 묶은 불가능한 사슬의 또 다른 고리였다.

예수님이 그를 자유롭게 하고 그의 유일한 근원이 되었을 때, 제프는 모든 만남과 회의, 모든 계획된 시간과 대화에 예수님을 초대하기 시작했다. 오늘날 그는 생수의 샘물을 마시며 하나님을 기꺼이 예배하고 있다.

이 진리는 관계를 위한 밑바닥 없는 구덩이를 채우기 위해 로맨스 영화를 보면서 대용량 과자 한 봉지를 먹고도 초콜릿 1 파운드를 먹어 치우는 잘못된 전략을 가진 내담자 수잔에게서도 입증된다.

이제 그녀는 성경 말씀뿐만 아니라 하나님과의 진정한 관계를 가지며 '생명의 양식'을 먹고 있다! 이제 하나님과의 수직적 관계가 가장

---

29) 고백

중요하기 때문에 그녀는 사람들과 여러 건전한 수평적 관계를 시작했고 그녀 영혼의 구덩이는 넘쳐흐르도록 채워지고 있다.

Q&A

1. 당신이 공허함을 채우기 위해 끊임없는 노력을 기울이고 있는 것은 무엇입니까?

2. 당신은 노예처럼 속박되어 있는 것에서 자유롭게 되기를 원합니까?

3. 당신은 하나님께서 당신을 중독에서 자유롭게 하시며, 풍성한 삶을 줄 수 있다고 믿을 만큼 하나님을 신뢰합니까?

7

자신의 한계를 인정해야 하는 이유

/

Recognition and Submission

우리는 관계와 목적에서 오는 공허함을 채우기 위해 의존해 왔던 것이 효과가 없음을 인정[30]해야 한다. 자신의 공허함을 채워야 한다고 주장하는 한 어떤 전략을 사용하더라도 그 시도가 무엇이든 실패할 것이다.

> "사람의 행위가 자기 보기에는 모두 정직하여도 여호와는 마음을 감찰하시느니라"(잠언21:2)

하나님이 관여하지 않기 때문에 실제로 우리가 추구하는 성취를

---

30) 역자 주: 인정은 recognition의 번역이며 때로는 '인식'으로 읽혀도 좋을 것이다.

이룰 수 없다. 우리가 만족하리라고 생각하는 것들을 몇 번 시도하거나 어느 정도 추구하더라도 여전히 공허하고 부족한 상태로 남으리라는 것을 인정할 때 비로소 하나님을 향해 나아가게 된다. 우리가 '자신의 한계', 즉 관계에서 지속적인 만족을 위한 자원들이 한계에 이르렀을 때, 마침내 공허함을 채우기 위해 하나님이 옳고 우리 자신이 부족하다는 것을 증명하게 된다.

어떤 인간도 스스로 자신의 공허함을 채울 수 없다. 오직 무한한 하나님만이 우리 소속에 대한 탐욕(insatiability), 중요한 의미를 부여하려는 것에 대한 탐욕(insatiability)을 채울 수 있다. 우리가 '우리 자신의 한계', 즉 우리 삶을 지탱시키는 의미[31]를 위한 자원이 한계에 이르렀을 때, 마침내 우리의 가치나 중요성을 채우는데 하나님이 옳고 우리가 부족하다는 것을 증명하게 된다. 직업, 승진, 부의 축적, 성취, 업적, 성공, 행위, 위업 또는 공적 등 그 어떤 것도 당신 영혼(마음)에 있는 의미, 가치를 향한 탐욕(insatiability)을 만족시키지 못할 것이다. 오직 당신을 향한 하나님의 특별한 목적만이 당신을 채울 수 있다.

이것을 인정한다는 의미의 다른 말은 고백이다. 우리는 스스를 채울 수 없다는 것을 자백해야만 한다. 그렇다고 이 자백이 모든 것을 아는 전능하신 하나님이 미처 알지 못하는 어떤 것을 말한다는 것은 아니다. 우리 자신에게 거울을 비추어 우리가 누구이며 무엇이 우리에게

---

31) "나는 중요한 의미가 있다. 나는 이 세상에서 중요하다."

동기를 부여하는지에 대한 진리를 '바라보게' 되는 것이다.

> "만일 우리가 우리 죄를 자백하면 그는 미쁘시고 의로우사 우리 죄를
> 사하시며 우리를 모든 불의에서 깨끗하게 하실 것이요"(요한일서 1:9)

우리가 어떻게 우리 삶을 수행해 왔는지, 다시 말해 우리 삶을 책임지고, 우리를 만드신 하나님을 무시하고 영혼의 밑바닥 없는 구덩이를 자신의 지혜로 채우려고 시도했는지를 자백 즉 인정할 때, 하나님은 우리를 용서하실 뿐만 아니라 모든 불의에서 우리를 깨끗하게 하신다.

'깨끗하게 하다(purify)'는 지속적인 정화를 나타내는 진행형 동작 동사다. 우리가 자백을 '계속'할 때 하나님께서는 우리를 '계속해서' 깨끗하게 하신다. 자백은 거울을 보면서 예수님이 우리를 채우고 변화시키도록 허락하는 과정이다.

바울은 디도서 2장 11-14절에서 이렇게 말한다.

> "모든 사람에게 구원을 주시는 하나님의 은혜가 나타나 우리를 양육하
> 시되 경건하지 않은 것과 이 세상 정욕을 다 버리고 신중함과 의로움과
> 경건함으로 이 세상에 살고 복스러운 소망과 우리의 크신 하나님 구주
> 예수 그리스도의 영광이 나타나심을 기다리게 하셨으니 그가 우리를
> 대신하여 자신을 주심은 모든 불법에서 우리를 속량하시고 우리를 깨
> 끗하게 하사 선한 일을 열심히 하는 자기 백성이 되게 하려 하심이라"

우리에게 "아니오!"라고 말하도록 가르치는 것은 하나님의 은혜다. 그의 놀라운 은혜에 비추어 보면, 그것은 하나님의 용서이자 호의이며 그분의 택하심이다. 또한 나에게도 선택권이 있다! 나는 항상 실패할 성취를 추구하거나, 아니면 하나님의 은혜에 항복하여 '아니야! 나는 이제 하나님을 따라 살 거야!'라고 말함으로써 성취를 추구할 수 있다. 하나님께서는 나를 깨끗하게 하사 열심히 선한 일과 선한 말과 선한 생각을 하게 만드신다! 나는 하나님께 속한 자녀가 되고 그분은 나를 최대한 채워 주신다!

인정이나 자백은 복종으로 이어진다. '내 방식'이 아무것도 이룬 것이 없고, 오히려 좌절과 공허함으로 이끌었음을 이제 깨달아야만 한다.

"어떤 길은 사람이 보기에 바르나 필경은 사망의 길이니라"(잠언 14:12)

내 인생을 완성하기 위해 내가 과도하게 투자한 것들은 나에게 목적도 없고 사랑도 없는 삶을 남겨 준 가식이고, 가짜이고, 사기다. "하나님, 제 삶을 맡아 주실 당신이 필요합니다. 당신의 위대함과 약속에 따라 완전한 사랑과 당신의 선한 목적의 관계로 넘치도록 나를 채워 주소서."

"그리스도께서 우리를 자유롭게 하려고 자유를 주셨으니 그러므로 굳건하게 서서 다시는 종의 멍에를 메지 말라"(갈라디아서 5:1)

그리스도께서는 우리를 자유롭게 하려고 오셨다! 우리는 그분의 약속 위에 굳건하게 서서, 그분이 그것을 성취할 수 있다는 것을 믿을 필요가 있다.

우리가 '반석'이신 그분 위에 굳건하게 설 때, 만유의 하나님이 우리가 보고, 듣고, 맛보고, 만지고, 냄새를 맡을 수 있는 모든 것을 만드셨으며 그분은 선하시고, 항상 선하시며, 무엇과도 비교할 수 없이 선하시다는 것을, 그리고 하나님께서는 나를 사랑하신다는 것을 믿게 된다. 그렇다면 왜 우리는 노예 상태로 돌아가는가? 왜 동물처럼 행동하는가?

> "참된 속담에 이르기를 개가 그 토하였던 것에 돌아가고 돼지가 씻었다가 더러운 구덩이에 도로 누웠다 하는 말이 그들에게 응하였도다"
>
> (베드로후서 2:22)

우리 자신과 우리의 죄악된 전략들로부터 자유로워지는 시작은 공허함[32]을 채우고 '생수의 근원'을 진하게, 그리고 자주 마시기 위해 죄악된 전략들을 인정하고 거부하는 것이다. 이 방식은 우리의 공허감을 차고도 넘칠 정도로 채울 뿐만 아니라 다른 사람들에게까지도 축복이 된다.

---

32) 역자 주: 저자는 이 공허함을 새의 목욕물(bird bath water)이라고 부연 설명했다. 45쪽 참조.

그렇다면 우리는 어떻게 중독에서 자유롭게 되는 길을 향해 나아갈까? 다음 말씀으로 시작해 보자.

> 이 세상이나 세상에 있는 것들을 사랑하지 말라 누구든지 세상을 사랑하면 아버지의 사랑이 그 안에 있지 아니하니 이는 세상에 있는 모든 것이 육신의 정욕과 안목의 정욕과 이생의 자랑이니 다 아버지께로부터 온 것이 아니요 세상으로부터 온 것이라 이 세상도, 그 정욕도 지나가되 오직 하나님의 뜻을 행하는 자는 영원히 거하느니라"(요한일서 2:15-17)

이 세 구절에서 '세상'은 우리가 임시로 살고 있는 곳에서 오감에 의해 경험되는 것으로 표현된다. 헬라어 원문의 단어는 '코스모스(κόσμος, kosmos)'다. 헬라어 학자 웨스트(Kenneth S. Wuest)는 이 단어의 용례를 다음과 같이 언급하고 있다.

> 코스모스는 질서 있는 체계를 의미한다. 여기에 사단이 우두머리인 질서 있는 체계가 있다. 그곳에는 타락한 천사들과 귀신들이 사단의 졸개들이고 구원받지 못한 사람들이 저들의 목적, 추구, 쾌락, 관행 및 하나님이 원하지 않는 곳에 함께하는 그의 백성들이다. 이 세상 체계 속의 많은 것은 종교적이고, 문화적이며, 세련되고, 또한 지적이다. 그러나 그것은 하나님의 대적이고 적그리스도다. [33]

이 질서 있는 세상 체계 안에서 우리의 문화 및 교육 훈련은 우리가 자신의 영혼의 주인이고, 자신의 영혼을 지휘 통제하고 있으며, 스스로를 만족시켜야 한다고 가르친다! 이것은 '거짓의 아비'로부터 나온 거짓말이며 우리를 파멸로 이끌 것이다. 당신이 원치 않는 습관과 중독으로 고생한다면 당신은 이미 이 파멸, 이 광기를 맛보았을 것이다.

사도 요한은 세상이나 그 안에 있는 어떤 것도 '사랑'하지 말라고 말한다. 하나님은 그의 창조물 안에서 즐길 수 있도록 우리에게 많은 것을 주셨다. 하지만 그것들을 사랑하지 않고, 그분과 그분이 우리에게 사랑하라고 주신 사람들을 위해 우리의 사랑을 남겨 두어야 한다.

요한은 계속해서 세상과 그 안에 있는 것들을 사랑하는 것을 세 가지로 정의한다.

첫 번째는 <u>안목의 정욕</u>[34]이다. 말하자면, 우리가 생각하는 것들이 우리를 행복하게 만들고, 성취하도록 만든다는 것이며, 여기에는 물질적인 것들[35]과 비물질적인 것들[36]이 있다.

다음은 <u>육신의 정욕</u>[37]이다. 이를테면 음식, 술, 담배, 섹스, 마약, 도박, 아드레날린 분출에 의한 긴장 고조, 하나님이 정한 결혼 관계를 벗

---

33) Wuest, K. S. (1997). Wuest's word studies from the Greek New Testament: For the English reader (1 Jn 2:15). Grand Rapids, Eerdmans.
34) 우리가 보는 것, 우리가 원하는 것.
35) 세상에 있는 것들.
36) 남녀 관계, 친구 관계 등.
37) 우리 육체의 욕망.

어난 온갖 종류의 음행과 변태적인 행위들, 과도한 운동, 과도한 수면 등이 있다.

마지막은 세상의 자랑[38]이다. 여기에는 인정, 승진, 사람들로부터 듣는 칭송, 재산 축적, 권력 및 교만을 조장하는 모든 것의 추구 등이 포함된다.

이러한 것들은 하나님에게서 온 것이 아니라 세상 체계에서 온 것들이다. 그것들은 영혼의 공허함을 채우지도 못할 것이고, 채울 수도 없다! 이러한 것들을 사랑하는 것은 하나님과 그분의 사랑을 버리는 것이다. 요한은 이 구절을 이렇게 마친다. "이 세상[39]도, 그 정욕도 지나가되 오직 하나님의 뜻을 행하는 자[40]는 영원히 거하느니라[41]!"

---

38) 명예와 재산.
39) 모든 거짓 쾌락들.
40) 하나님의 뜻을 행하는 사람은 하나님의 선한 공급과 통치에 따라 산다.
41) 단순히 존재하거나 지나가는 것이 아니라 영원히 산다.

Q&A

중독에서 자유로운 삶을 위한 질문
Honest questions Leading to Freedom

1. 당신의 공허함을 채우기 위한 잘못된 전략이 효과가 없다는 것에 동의하십니까?

2. 이것을 인정하시겠습니까?(하나님 앞에, 자신과 사람들에게 큰소리로 말하십시오.)

3. 설명한 대로 '세상'을 거부하고 당신의 공허함을 채우는 데 그것을 의존하지 않겠습니까?

4. 당신은 하나님께 순종하시겠습니까?(그가 당신을 채우도록 초대하고, 그를 신뢰하고, 그분을 찾으십시오.)

8

밑도 끝도 없이 채우시는 사랑

/

What Fills? What Satisfies?

"도둑이 오는 것은 도둑질하고 죽이고 멸망시키려는 것뿐이요 내가 온 것은 양으로 생명을 얻게 하고 더 풍성히 얻게 하려는 것이라"(요한복음 10:10)

또한 시편 기자는 시편 103:1-5에서 전능하신 하나님의 계획과 능력을 선포한다.

"내 영혼아 여호와를 송축하라 내 속에 있는 것들아 다 그의 거룩한 이름을 송축하라 내 영혼아 여호와를 송축하며 그의 모든 은택을 잊지 말지어다 그가 네 모든 죄악을 사하시며 네 모든 병을 고치시며 네 생명을 파멸에서 속량하시고 인자와 긍휼로 관을 씌우시며 좋은 것으로 네 소원을 만족하게 하사 네 청춘을 독수리 같이 새롭게 하시는도다"

여기서 시편 기자는 자신의 영혼[42]에게 주님을 찬양하도록 지시한다! 이것은 매일 모든 일에 하나님을 포함시키는 좋은 습관이다. 내 영혼아, 하나님의 은혜를 잊지 말지어다. 하나님께서 용서하고 치유하신다.[43] 내 영혼아, 하나님은 사랑[44]과 긍휼로 너에게 면류관[45]을 씌우신다. 내 영혼아, 하나님은 좋은 것으로 네 소원을 만족하게 하사 네가 날아갈 수 있는 힘[46]을 주셨다. 만약 그렇다면 얼마나 놀라운 일인가? 정말 그렇다! 오직 하나님의 공급에 만족해야만 한다!

하나님은 먼저 우리가 그분을 알고 그분이 우리를 아는 관계를 맺으신다.

"나는 선한 목자라 나는 내 양을 알고 양도 나를 아는 것이"(요한복음 10:1)

예수님은 여기서 비유를 사용하신다. 즉, 양이 아니라 사람에 대해 말씀하고 계시다. 목자 앞에 붙은 '선한'이란 형용사를 주목해 보라. 선

---

42) 마음, 감정, 의지. 즉 지, 정, 의.
43) 온전케 하고 자유케 하신다.
44) 하나님과의 관계 및 타인과의 관계.
45) 너의 머리위에 중요한 것을 올려놓으신다.
46) 이 세상의 고통과 괴로움과 공허함을 뛰어넘어 치솟는 에너지.

한 목자가 나를 알고 있으며, 나는 그를 알 수 있다는 사실이 무척 위안이 된다. 이것은 관계를 암시하는데 관계는 효과적인 의사소통을 요구한다.

이 의사소통은 우리에게서 하나님께로, 그리고 하나님으로부터 우리에게로, 즉 양방향으로 움직여야 한다. 정적인 의사소통으로는 효과적일 수 없기에 오직 역동적인 의사소통이어야만 한다. 내 말은 연인들끼리 주고받는 문자 메시지로는 최소한의 의사소통만 할 수 있다는 의미이다. 실질적인 상호 작용이 포함된 대화가 역동적인 의사소통의 본보기가 될 수 있다. 애정을 담은 표현들과 필요, 갈등, 그리고 어려움에 대해 솔직한 표현들을 주고받을 수 있어야 한다.

또한 진정한 관계가 더 풍성해지기 위해서는 그들 사이에 나누는 웃음과 기쁨, 그리고 즐거움도 있어야 한다. 하나님은 우리가 하나님께 우리의 마음을 이야기하기 원하신다. 하나님은 우리의 기도가 '육체'를 가져본 적이 없고 우리와 동떨어져 멀리 계신 하나님이 아니라, 우리를 사랑하고 돌보는 한 분으로서의 하나님께 전해지기를 바라신다.[47] 가장 놀라운 것은 하나님이 우리와 대화하기를 원하신다는 것이다.

"옛적에 선지자들을 통하여 여러 부분과 여러 모양으로 우리 조상들

---

47) 예수님은 육체를 가지셨다. 예수님은 느낌과 유혹과 감정과 생각과 사랑과 기쁨과 웃음을 경험하셨다.

에게 말씀하신 하나님이 이 모든 날 마지막에는 아들을 통하여 우리에게 말씀하셨으니 이 아들을 만유의 상속자로 세우시고 또 그로 말미암아 모든 세계를 지으셨느니라"(히브리서 1:1-2)

우리는 하나님이 인간을 통해 아주 제한적인 방법으로 말씀하시는 것부터 우리에게 직접 말씀하시는 것까지를 본다. 예수님은 하나님이시기도 하고 인간이시기도 하다. 이것은 놀라운 신비이지만 그럼에도 불구하고 사실이다.

예수님의 영은 그를 믿는 모든 사람 안에 살기 위해 오신다. 그리고 그분은 우리의 영에게 말씀하신다.

"성령이 친히 우리의 영과 더불어 우리가 하나님의 자녀인 것을 증언하시나니"(로마서 8:16)

성령은 우리의 영과 더불어 말씀하시고, 우리 한 사람 한 사람이 개별적으로 하나님의 자녀들이라고 말씀하신다. 성령은 우리에게 훨씬 더 많은 것을 알려 주신다!

"그러나 진리의 성령이 오시면 그가 너희를 모든 진리 가운데로 인도하시리니 그가 스스로 말하지 않고 오직 들은 것을 말하며 장래 일을 너희에게 알리시리라 그가 내 영광을 나타내리니 내 것을 가지고 너희

에게 알리시겠음이라 무릇 아버지께 있는 것은 다 내 것이라 그러므로

내가 말하기를 그가 내 것을 가지고 너희에게 알리시리라 하였노라"

(요한복음 16:13-15)

십자가에서 돌아가시기 전에 예수님은 제자들의 발을 씻긴 후 이 말씀을 제자들에게 각기 따로 친밀하게 말씀하셨다. 성령께서 우리에게 말씀하신다! 성령은 개인적[48]이고 친밀한[49] 방식으로 우리를 인도하고, 이끌고, 책망하고, 위로하고, 가르치신다. 성령은 우리가 알아야 할 때 알아야 할 것을 정확히 알려 주신다. 우리는 단지 듣는 것이 필요할 뿐이다!

"내 양은 내 음성을 들으며 나는 그들을 알며 그들은 나를 따르느니라"

(요한복음 10:27)

하나님의 음성을 들으면 우리의 밑바닥 없는 관계의 구덩이는 채워질 것이다. 하나님이 우리와 대화하고, 우리의 말을 들으시고, 우리에게 말씀하실 만큼 충분히 관심을 가지고 계시다는 것을 아는 것이 가장 큰 성과다. 하나님은 성령과 성경 말씀을 통해 우리에게 말씀하

---

48) 사람 대 사람.
49) 우리의 마음 깊은 곳의 존재에게 말하는

신다.

성경 말씀은 하나님이 당신과 이야기할 수 있는 중요한 수단이다. 당신이 성경 말씀을 듣는 것처럼 단지 하나님 말씀을 읽고 기록된 성경 말씀을 통해 하나님께서 당신에게 말씀하시도록 허용하는 것이 하나님과 대화하는 것이다.

하나님은 또한 당신의 공허함을 채우기 위해 사람들과의 관계를 제공하신다. 삶 속에서 사람들을 만나게 하셔서 사랑하고, 속 이야기를 털어놓고, 들어주고, 함께 웃고, 서로 돌아볼 책임감을 갖고 함께 살아가도록 하신다. 두 사람의 결혼 관계의 친밀함으로부터 모닥불이나 또는 커피숍 주변에서 쌓는 우정에 이르기까지 타인과의 교제는 관계를 향한 우리의 끝없는 욕망을 충족시키기 위한 하나님의 계획이다.

가족이란 하나님이 우리를 한 공동체 안에서 살도록 부르신 관계이며 우리에게 말씀하시기 위해 성경에서 사용한 단어다. 하나님 스스로 삼위일체 하나님 안에서 관계를 유지하며 살면서 우리도 같은 방식으로 살도록 의도하셨다. 이것이 우리 영혼의 관계를 향한 밑바닥 없는 구덩이를 채우려는 하나님의 계획이다.

하나님은 무한한 하나님 자신과 유한한 하나님 백성과의 관계를 통해 우리 영혼의 관계를 향한 밑바닥 없는 구덩이를 채우신다. 이 두 관계는 중독에서 자유로운 삶을 살기 위해 우리 모두에게 필요하다. 우리가 생수를 마실 때 하나님은 목마름을 해소시켜 주신다. 하나님이 사용하는 '방법'은 하나님과의 관계와 사람들과의 친밀한 교제다.

이렇듯 두 가지 친밀한 관계는 우리가 과거의 중독성에서 벗어난 삶을 사는 데 매우 중요하다! 우리는 도움이 필요하다! 하나님은 우리가 그 친밀한 관계를 찾도록 마련해 두셨다.

> "곧 창세 전에 그리스도 안에서 우리를 택하사 우리로 사랑 안에서 그 앞에 거룩하고 흠이 없게 하시려고 그 기쁘신 뜻대로 우리를 예정하사 예수 그리스도로 말미암아 자기의 아들들이 되게 하셨으니"(에베소서 1:4-5)

하나님은 창세 전에 그리스도 안에서 우리를 택하사 거룩하고 흠이 없게 하셨다. 우리가 거룩하고 흠이 없게 된 것은 완전한 사람이신 예수님과의 관계에 힘입어 시작되었다. 하나님께서는 우리가 사랑 안에서 가족이 되어 하나님의 자녀로서 친밀한 관계를 맺으며 서로 돕도록 계획하셨다. 그것이 하나님에게 기쁨이었다. 우리가 여러 사람과 좋은 관계를 맺으며 살아가는 것 또한 하나님의 뜻이다.

> "보라 형제가 연합하여 동거함이 어찌 그리 선하고 아름다운고 머리에 있는 보배로운 기름이 수염 곧 아론의 수염에 흘러서 그의 옷깃까지 내림 같고 헐몬의 이슬이 시온의 산들에 내림 같도다 거기서 여호와께서 복을 명령하셨나니 곧 영생이로다"(시편 133:1-3)

이 시편에는 많은 내용이 있지만 다시 읽고 그 안에서 여호와의 기쁨을 느껴 보라. 이것은 믿기 어려울 정도로 놀랍다. 하나님께서는 자녀들에게 생명의 축복을 주시는 것을 좋아하신다. 우리를 하나님에게서 멀어지게 하는 것들에서 벗어나게 하셔서 우리가 영원히 하나님 안에서 즐거워하도록 하셨다. 우리는 서로 교제할 때[50] 다른 사람이 우리의 짐을 짊어지도록 도울 수 있을 뿐만 아니라[51] 비슷한 속박에 처한 사람들을 위로할 수 있다.

> "찬송하리로다 그는 우리 주 예수 그리스도의 하나님이시요 자비의 아버지시요 모든 위로의 하나님이시며 우리의 모든 환난 중에서 우리를 위로하사 우리로 하여금 하나님께 받는 위로로써 모든 환난 중에 있는 자들을 능히 위로하게 하시는 이시로다"(고린도후서 1:3-4)

여기서 사도 바울이 하나님의 모든 위로에 대하여 그분을 찬양하는 것을 본다! 우리의 갖가지 문제[52] 덕분에 비슷한 어려움에 빠진 형제자매를 위로할 수 있다. 문제는 서로 다를 수 있지만 변함없는 사실은 하나님이 위로의 하나님이라는 것이다! 하나님의 위로, 중독에서의 자유, 승리한 삶을 경험한 후에 어려움에 처한 사람들에게 희망을 주

---

50) 서로 교제할 때 우리의 죄, 두려움, 실패, 성공에 대해 과감히 고백하라.
51) 갈라디아서 6:2 "너희가 짐을 서로 지라 그리하여 그리스도의 법을 성취하라"
52) 특정 어려움들, 우리의 경우 원치 않는 습관 및 중독성 행동 등으로 생긴 문제들.

고 도움을 줄 수 있다.

오늘 중독에 빠졌다면 절망하지 마라! 다른 사람도 중독에 빠졌었고 그 중독에서 자유롭게 되었다! 오늘은 믿을 수 없겠지만 당신은 다른 사람들이 '모든 자비의 아버지와 모든 위로의 하나님'을 찾도록 도울 수 있다. 당신이 다른 사람을 도울 수 있는 것은 관계에 있어서의 밑바닥 없는 당신의 구덩이가 유한한 형제자매를 통해 무한한 하나님과 하나님의 계획으로 가득 채워졌기 때문에 가능하다. 이것이 중독에서 자유로워지는 것이다!

하나님은 모든 개인에게 의미를 부여하신다. 하나님께는 당신을 위한 목적과 계획이 있다! 그분은 당신이 하나님 나라에서 해야 할 실제적인 일을 부여하셨다. 당신을 향한 하나님의 바람은 '육신의 정욕과, 안목의 정욕과, 이생의 자랑'(요일 2:16)을 만족시키고자 자신을 채우려고 하는 것이 아니라 하나님 나라에 기여해야 하는 것이다.

그러나 우리는 이러한 추구가 공허함을 채우지 못한다는 것을 알고 있다. 공허함을 채우려는 시도를 여러 번 반복했지만 예상한 대로 매번 실패했다!

두 가지 잠언 말씀이 떠오르는데 첫 번째는 잠언 16장 9절이다. "사람이 마음으로 자기의 길을 계획할지라도 그의 걸음을 인도하시는 이는 여호와시니라" 하나님께 속한 사람을 위해 하나님은 그의 길을 바로잡으신다. 우리에게 적용해 보면, 중독성 있는 행동에 속박되어 있는 자신을 발견할 수 있으며, 우리가 길을 계획할지라도 하나님은 우리의 걸음을 인도하신다.

하나님께서는 당신이 성취하기를 원하는 무언가를 많이 가지고 계시다. 우리가 했던 모든 것은 점점 더 공허함을 가져왔으며, 성취는 하나님께서 목적하신 것을 행할 때 이루어진다는 것을 알게 된다.

두 번째 떠오른 말씀은 잠언 20장 24절 말씀이다. "사람의 걸음은 여호와로 말미암나니 사람이 어찌 자기의 길을 알 수 있으랴" 당신은 '내가 왜 이 일[53]을 계속해야 하는가?'라는 궁금증을 가져본 적이 있는가? 그렇다면 당신이 삶 속에서 채울 수 없는 구덩이를 채우는 방법을 이해하려고 애쓰기 때문이다. 이런 상태에 있다면 이 밑바닥 없는 구덩이의 크기를 헤아릴 수 없으며, 그것을 채우려고 하는 절망감은 이루 말할 수가 없다. 이것은 충분한 시간이 주어진다 할지라도 티스푼으로 모래를 떠 그랜드캐니언을 채우려는 것과 같다.

하지만 주님께서 당신의 발걸음을 인도하실 때, 그분은 전지전능하시다. 당신이 채워야 할 것이 무엇인지 알고 계시며, 그것을 채우도록 도우실 수 있다. 뿐만 아니라 주님은 당신의 삶 속에 있는 밑바닥 없는 구덩이를 채우고 싶어 하신다!

하나님께서 우리에게 주시는 소명은 쉽지도 않고, 안전하지도 않고, 항상 즐겁지도 않고, 항상 단순하지도[54] 않지만 그것은 항상 성취되

---

53) 당신의 행동, 습관 또는 중독을 돕는 일.
54) A를 B에 붙여서 C를 만드는 것처럼 단순함.

며 항상 하나님을 기쁘게 한다! 또한 그것은 언제나 하나님 나라의 일이기 때문에 항상 중요하며 영원한 가치가 있다. 중독성 있는 행동으로 어려움을 겪고 있는 사람들에게 다음 성경 구절은 특히 충격적이다.

> "그 정죄는 이것이니 곧 빛이 세상에 왔으되 사람들이 자기 행위가 악하므로 빛보다 어둠을 더 사랑한 것이니라 악을 행하는 자마다 빛을 미워하여 빛으로 오지 아니하나니 이는 그 행위가 드러날까 함이요 진리를 따르는 자는 빛으로 오나니 이는 그 행위가 하나님 안에서 행한 것임을 나타내려 함이라 하시니라"(요한복음 3:19-21)

결론은 우리가 중독성 있는 행동에 빠져들 때 그 행동이 사람들에게 노출되기를 원하지 않는다는 것이다! 공허함을 채우려고 무언가 시도한다는 것은 부끄러운 일이다. 우리를 사랑하는 하나님께서 성령을 통해 책망하시기 때문이다.

우리가 공허함을 채우기 위해 하나님을 의지하고 일상과 해야 할 일 등으로 예배할 때 우리는 우리가 잘하고 있는지 점검하기를 원한다.

이런 일은 하나님을 기쁘게 하고 우리에게도 자랑스러운 일이다. 하나님께 온전히 향해 예배드리는 것은 깨끗한 일이며, 거룩한 일이며, 영광스러운 일이다.

> "큰 집에는 금 그릇과 은 그릇뿐 아니라 나무 그릇과 질그릇도 있어 귀

하게 쓰는 것도 있고 천하게 쓰는 것도 있나니 그러므로 누구든지 이런 것에서 자기를 깨끗하게 하면 귀히 쓰는 그릇이 되어 거룩하고 주인의 쓰심에 합당하며 모든 선한 일에 준비함이 되리라"(디모데후서 2:20-21)

이 말씀은 이 책에서 궁극적으로 다루고자 하는 내용이다. 우리는 '천한'[55] 행동으로부터 깨끗해져서 예수님이 쓰시기에 합당하게 되어 가치 있는 일을 할 준비가 되어 있다. 하나님께 합당한 일이 우리의 공허함을 채울 것이다. 하나님께서 우리를 위해 세우신 목적은 항상 우리의 공허함을 채우는 것이다.

"우리가 알거니와 하나님을 사랑하는 자 곧 그의 뜻대로 부르심을 입은 자들에게는 모든 것이 합력하여 선을 이루느니라"(로마서 8:28)

우리는 하나님의 목적을 이루도록 부름을 받았다! 이 부르심은 크고 작은 방법으로 일어난다. 하나님을 사랑하고[56] 하나님의 뜻을 행하고자 할 때, 하나님은 우리의 선을 위해 모든 것으로 역사하신다!

당신이 할 수 있는 모든 돈을 벌고, 당신이 원하는 모든 장난감을

---

55) 역자 주: 불명예스러운.
56) 우리의 우상, 우리의 중독보다 더 하나님을 사랑하고

사고, 꿈의 직장을 얻고, 모든 것을 당신의 방식대로 해 보라. 당신은 여전히 공허하고 더 많은 것을 갈망할 것이다.

이 공허함은 우리를 원치 않는 습관과 중독성 있는 행동으로 몰아간다. 그러나 하나님은 당신을 위해 다른 계획을 가지고 계시다. 시편 기자가 선포하는 말을 들어 보라.

> "그들이 광야 사막 길에서 방황하며 거주할 성읍을 찾지 못하고 주리고 목이 말라 그들의 영혼이 그들 안에서 피곤하였도다 이에 그들이 근심 중에 여호와께 부르짖으매 그들의 고통에서 건지시고 또 바른 길로 인도하사 거주할 성읍에 이르게 하셨도다 여호와의 인자하심과 인생에게 행하신 기적으로 말미암아 그를 찬송할지로다 그가 사모하는 영혼에게 만족을 주시며 주린 영혼에게 좋은 것으로 채워주심이로다"
>
> (시편 107:4-9)

이제 우리는 중독성 있는 행동으로 고군분투하는 가운데, 광야 사막 길에서 방황하는 것은 어떤 의미인지 잘 이해하고 있다. 물론 시편 기자는 광야 사막 길에 있는 이스라엘에 대해 말하고 있지만, 그것을 습관과 중독에 삶을 낭비하고 있는 우리의 사막에 적용할 수 있다.

광야에 있는 이스라엘 백성들은 배고프고 목이 말라 그들 영혼의 기력이 다 빠지는 경험을 했다. 이와 같은 느낌을 받은 적이 있는가? 그런 다음 그들은 정신이 온전해진 순간에 고통[57]을 호소하며 여호와께 부르짖었다. 그리고 여호와는 이스라엘 백성들의 부르짖음에 귀를 기울이셨다!

여호와는 이스라엘 백성들을 고통에서 건져 주시고, 그들을 안전하고 젖과 꿀이 흐르는 곳으로 이끄셨다. 이스라엘 백성들은 사모하는 영혼에게 만족을 주시며 주린 영혼에게 좋은 것으로 채워주신 여호와를 찬양하고 그들의 구원자를 계속 찬송했다! 이제 무언가 굉장한 것을 준비하라!

> "우리는 그가 만드신 바라 그리스도 예수 안에서 선한 일을 위하여 지으심을 받은 자니 이 일은 하나님이 전에 예비하사 우리로 그 가운데서 행하게 하려 하심이니라"(에베소서 2:10)

하나님은 우리를 개성 있게 만드셨다. 모든 사람은 유일하다. 그리고 하나님은 우리를 예수님 안에서 재창조하셨다.[58] 왜? 바로 선한 일을 하도록 하기 위해서다! 하나님은 우리가 해야 할 이 선한 일들을 우리가 태어나기 훨씬 전부터 준비하셨다.

이 선한 일들은 당신의 개성에 맞게 맞춤 제작되었다! 결코 무작위로 된 것이 아니다. 그것들은 당신을 위해 특별히 맞춤화, 개별화되어

---

57) Struggle, 갈등
58) 우리에게 거듭남(중생)을 주셨다.

있다! 당신이 그 선한 일들을 행할 때, 그것들은 당신의 목적을 향한 밑바닥 없는 구덩이를 채울 것이다. 다른 어떤 것도 당신을 만족시킬 수 없다.

> "의에 주리고 목마른 자는 복이 있나니 그들이 배부를 것임이요"(마태복음 5:6)

우리가 의에 주리고 목마를 때, 하나님의 의로운 일을 할 때 굶주림과 목마름이[59] 채워진다. 다시 말하면, 우리가 만족을 주지 못하는 것들에 대해 굶주림을 멈출 때, 그리고 선하지 않은 것에 대한 목마름을 멈출 때[60] 비로소 하나님은 우리의 목적을 찾게 해 주시고 우리를 충만하게 채우신다!

> "주께서 내 원수의 목전에서 내게 상을 차려 주시고 기름을 내 머리에 부으셨으니 내 잔이 넘치나이다"(시편23:5)

이 말씀에서 원수들, 우리의 경우에는 중독이 정복되었고 하나님은 원수의 목전에서 그분의 선한 일들을 행하는 우리를 먹이시고 우리의

---

59) 밑바닥 없는 구덩이.
60) 우리를 만족시키기 위한 습관들과 중독성 있는 행동 찾기를 그만두라.

의미[61]가 넘치게 되는 것을 본다. 바울이 골로새 교회에 보낸 위대한 말씀으로 이 부분을 마무리한다.

> "주께 합당하게 행하여 범사에 기쁘시게 하고 모든 선한 일에 열매를 맺게 하시며 하나님을 아는 것에 자라게 하시고 그의 영광의 힘을 따라 모든 능력으로 능하게 하시며 기쁨으로 모든 견딤과 오래 참음에 이르게 하시고 우리로 하여금 빛 가운데서 성도의 기업의 부분을 얻기에 합당하게 하신 아버지께 감사하게 하시기를 원하노라 그가 우리를 흑암의 권세에서 건져내사 그의 사랑의 아들의 나라로 옮기셨으니 그 아들 안에서 우리가 속량 곧 죄 사함을 얻었도다"(골로새서 1:10-14)

이 책의 대부분은 중독성 있는 행동으로 고생하는 사람들을 위해 쓰였지만, 일부는 중독에서 자유롭게 된 이후에도 이 책을 읽고 있을 것이다. 그들을 위해 다음 신명기 말씀을 전한다. 이 훈계는 '애굽 땅 종 되었던 집에서 나온' 사람들을 위한 것이다. '거주'하려는 유혹은 심각하다.

> "네가 먹어서 배부르고 네 하나님 여호와께서 옥토를 네게 주셨음으로 말미암아 그를 찬송하리라 내가 오늘 네게 명하는 여호와의 명령과

---

61) 역자 주: 중요성, 중대성, 의의.

법도와 규례를 지키지 아니하고 네 하나님 여호와를 잊어버리지 않도록 삼갈지어다 네가 먹어서 배부르고 아름다운 집을 짓고 거주하게 되며 또 네 소와 양이 번성하며 네 은금이 증식되며 네 소유가 다 풍부하게 될 때에 네 마음이 교만하여 네 하나님 여호와를 잊어버릴까 염려하노라 여호와는 너를 애굽 땅 종 되었던 집에서 이끌어 내시고"(신명기 8:10-14)

신명기 본문 말씀을 다시 읽어 보라. 무한한 하나님과 그의 유한한 백성이 당신의 관계에 대한 밑바닥 없는 구덩이를 채우도록 계속 허용하는 것은 하나의 도전이다. 하나님의 목적을 계속 행하고 그의 의미를 성취하는 것은 도전이다.

Q&A

중독에서 자유로운 삶을 위한 질문
Honest questions Leading to Freedom

1. 이번 장에서 당신의 가슴을 울린 것은 무엇입니까? 당신을 힘들게
   한 것은 무엇입니까?(다시 읽어야 할 수도 있습니다.)

2. 당신은 이 장에서 어떤 진리로 어려움을 겪고 있습니까?

3. 그것에 대해 무엇을 하시겠습니까?

중독의 해방구 세 가지

/

The Way Out

중독에서 자유롭게 되기 위해 어떤 실제적인 일을 할 수 있을까? 우리의 영혼을 현실적으로 채우는 방법은 무엇일까? 습관화되어버린 중독성 있는 행동으로부터 벗어나기 위해 취할 수 있는 세 가지 조치가 있다. 첫째, 새로워진 마음, 둘째, 변화된 마음, 세 번째는 완전한 공개다.

첫째, 중독에서 자유로워지기 위해 마음을 새롭게 할 필요가 있다. 우리는 생각을 바꿔야 한다.

"그러므로 형제들아 내가 하나님의 모든 자비하심으로 너희를 권하노니 너희 몸을 하나님이 기뻐하시는 거룩한 산 제물로 드리라 이는 너희가 드릴 영적 예배니라 너희는 이 세대를 본받지 말고 오직 마음을

새롭게 함으로 변화를 받아 하나님의 <u>선하시고 기뻐하시고 온전하신</u>

<u>뜻</u>이 무엇인지 분별하도록 하라"(로마서 12:1-2)

당신의 몸을 하나님이 기뻐하시는 거룩한 산 제물로 드리는 예배는 습관화되어버린 중독성 있는 행동들에 대해 직접적인 관련이 있다. 당신 몸의 모든 부분들! 즉, 위와 손과 입, 은밀한 부분들은 모두 하나님께 속한 것이며, 우리 몸을 그분의 목적에 맡길 때 그분을 예배하는 것이다.

'세상'은 우리에게 특정한 방식으로 생각하도록 가르쳤다. 세상의 방식은 하나님의 방식이 아니다. 문화, 교육 시스템, 도덕과 윤리가 세상 사람들에 의해 형성될 때에는 우리에게 경건의 결과를 낳지 못한다. 그러나 하나님의 원칙, 도덕성, 윤리, 율례, 명령, 법령, 계율 및 진리에 따라 생각하기 시작하면 우리는 변화된다. '변화를 받아'라는 단어는 '성격 또는 상태의 변화'를 의미한다.

우리가 하나님에 대해 어떻게 생각하고 하나님이 우리 삶에서 무엇을 하시는지, 텅 빈 영혼을 어떻게 채우고자 하시는지를 알고 우리의 생각을 바꾸기만 하면 우리의 행동이 바뀌는 것을 볼 수 있다.

예수님께서 "눈 먼 바리새인이여 너는 먼저 안을 깨끗이 하라 그리하면 겉도 깨끗하리라"(마 23:26)고 말씀하셨다. 이 말씀이 의미하는 바는 우리가 자신의 속과 생각과 믿음과 의도를 깨끗하게 할 때 비로소 겉, 우리의 행동, 사람들의 시선, 우리의 활동도 역시 깨끗해진다는 것이다. 이와 관련된 또 다른 표현이 마가복음 2장 22절에 나온다.

> "새 포도주를 낡은 가죽 부대에 넣는 자가 없나니 만일 그렇게 하면 새 포도주가 부대를 터뜨려 포도주와 부대를 버리게 되리라 오직 새 포도주는 새 부대에 넣느니라 하시니라"

새로워진 마음의 새 포도주[62]는 중독성 행동과 원하지 않는 습관의 낡은 가죽 부대를 터뜨릴 것이다. 우리는 새로운 생각의 결과인 새로운 행동, 선하고 거룩하며 하나님을 기쁘시게 하는 행동들이 필요하다.

따라서 로마서 12장 2절의 마지막 부분은 "하나님의 선하시고 기뻐하시고 온전하신 뜻이 무엇인지 분별하도록 하라"이다. 변화는 내면으로부터 비롯되는데, 하나님은 우리가 그분의 생명과 사랑, 말과 생각, 그분의 목적으로 넘치도록 채워지는 것을 허락하신다. 새로워진 마음이 우리의 삶의 방식을 바꾼다!

새롭게 된 내부[63]가 외부[64]를 변화시키는 이 원리는 성경 전체에서 발견된다. 그중 유명한 한 구절을 잠언 말씀에서 발견할 수 있다.

> "너는 마음을 다하여 여호와를 신뢰하고 네 명철을 의지하지 말라 너

---

62) 정말 만족스러운 것에 대한 새로운 생각.
63) 역자 주: 속, 마음.
64) 역자 주: 겉

는 범사에 그를 인정하라 그리하면 네 길을 지도하시리라 스스로 지혜

롭게 여기지 말지어다 여호와를 경외하며 악을 떠날지어다 이것이 네

몸에 양약이 되어 네 골수를 윤택하게 하리라"(잠언3 :5-8)

'너는 마음을 다하여 여호와를 신뢰하고 네 자신의 명철을 의지하

지 않는 것'은 새로워진 마음을 의미한다. '너는 범사에'는 여호와를 인

정하는 모든 태도, 계획 및 행동을 의미한다. 결과적으로 여호와가 네

길을 지도하신다는 것은 흔들리고, 주저하거나 갑자기 부도덕한 행위

로 바꾸거나, 불결하고, 습관적이고 중독성 있는 행동으로 향하지 않

도록 조치한다.

우리가 현명하거나 기민하다 생각될 때 아마도 경건한 사람에게

자문을 구할 필요가 있을 것이다. 지혜를 얻으려면 먼저 하나님[65]께 그

리고 우리보다 더 성숙한 사람들에게 종종 현명한 조언을 구할 필요가

있다. 참된 지혜[66]를 얻으면 주님을 두려워[67]하게 되고 악을 피하게 된

다. 시편 기자는 우리가 이런 식으로 우리의 생각을 바꾸면[68] 이것이

"네 몸에 양약이 되어 네 골수를 윤택하게 하리라"라고 말하면서 끝을

맺는다.

---

65) 하나님의 영과 말씀.
66) 우리가 종종 우리 자신에게서 발견하는 종류가 아닌.
67) 경외.
68) 우리의 마음을 새롭게 하면.

"그러므로 내가 이것을 말하며 주 안에서 증언하노니 이제부터 너희는 이방인이 그 마음의 허망한 것으로 행함 같이 행하지 말라 그들의 총명이 어두워지고 그들 가운데 있는 무지함과 그들의 마음이 굳어짐으로 말미암아 하나님의 생명에서 떠나 있도다 그들이 감각 없는 자가 되어 자신을 방탕에 방임하여 모든 더러운 것을 욕심으로 행하되 오직 너희는 그리스도를 그같이 배우지 아니하였느니라 진리가 예수 안에 있는 것 같이 너희가 참으로 그에게서 듣고 또한 그 안에서 가르침을 받았을진대 너희는 유혹의 욕심을 따라 썩어져 가는 구습을 따르는 옛 사람을 벗어 버리고 오직 너희의 심령이 새롭게 되어 하나님을 따라 의와 진리의 거룩함으로 지으심을 받은 새 사람을 입으라"(에베소서 4:17-24)

이 구절에서 '이방인'은 믿지 않는 자들, 믿음이 없는 자들이다. 그들이 하나님을 의식하지 않는 생활 방식을 가지고 있음을 보게 된다. 이 구절에서 '허망'하고 '어두운' 마음이라고 불리는 이 무지한 생각의 결과로 그들의 마음[69]이 하나님을 향해 굳어져 버렸기에 하나님의 생명에서 떠나게 된다. 중독성 있는 행동을 하는 대부분의 사람이 그렇다.

그들은 자신의 창의력으로 공허함이나 관계와 목적의 밑바닥 없는 구덩이를 채우기 위해 노력하고, 또 동일하게 반복하며 더 많은 방법

---

69) 영혼

을 개발한다.

그들은 항상 삶이 어떻게 하면 잘 풀릴지에 대해 점점 더 괴로워하면서, 모든 것을 잃어버리고 나서 '결코 중독에서 자유로워질 수 없고 좋아질 리 없다'고 믿는다. 마음은 점점 더 굳어져 감각 없는 자가 되고만다.

본문 말씀은 계속해서 "그들이 감각 없는 자가 되어 자신을 방탕에 방임하여 모든 더러운 것을 욕심으로 행하되"[70]라고 한다. 사람들은 하나님을 향한 감각과 거룩함을 잃어버렸다! 힘들고 어려운 삶을 살고 싶어 하지 않는다. 저들은 희망을 포기하고 일시적으로 만족을 주는 것이라면 무엇이든 추구하기를 반복한다. 이런 상태로 당신을 내버려 두지 말라!

하나님을 신뢰하고 예수 그리스도로 새롭게 된 성품을 믿는 사람들은 사물을 다르게 볼 수 있다. 우리는 희망적인 관점에서 생각할 수 있으며, 노예 상태에서 우리를 구원하시는 하나님의 능력을 알 수 있다. 이 헛되고 비효율적이며 무의미한 '옛 자아'를 '벗어 버리는' 법을 배워야 한다.

그 옛 자아가 습관과 중독 속에 있는 우리 모습이다. 이 옛 자아는 기만적인 욕망에 의해 부패되고 있다. 관계와 목적에 대한 갈망인 이

---

70) 역자 주: 모든 감수성을 잃어버린 그들은 더 많은 것에 대한 끊임없는 욕망으로 온갖 종류의 부도덕한 것들에 탐닉하기 위해 방탕한 것에 자신을 바쳤다.

기만적인 욕망은 우리의 습관과 중독으로 채워질 것 같지만 기만하는 것이며 모두가 다 거짓말이다.

이것들은 결코 우리를 만족시킬 수 없다. 그것은 마치 어느 정도는 공갈 젖꼭지를 빨고 있는 것과 같으며, 당신에게 안전에 대한 환상을 준다.

더 정확히 말하면, 23절의 "오직 너희의 심령이 새롭게 되어"가 우리가 말한 '새로워진 마음'이다. 이 새로운 사고방식은 하나님이 우리를 변화시키고, 채우실 수 있으며, 사랑하신다고 믿는 것이다. 우리는 24절과 같이 '하나님을 따라 의와 진리의 거룩함으로 지으심을 받은 새 사람을 입어야'한다. 와우! 하나님이 나를 참된 의와 진리의 거룩함으로 그분처럼 되도록 만드셨다고? 그렇다면 그분은 내가 그것을 실제로 할 수 있는 방법을 만들어야만 한다!

둘째, 새로워진 마음에 덧붙여 마음의 변화가 필요하다. 이제부터는 우리의 감정을 살펴볼 것이다.

> "한 바리새인이 예수께 자기와 함께 잡수시기를 청하니 이에 바리새인의 집에 들어가 앉으셨을 때에 그 동네에 죄를 지은 한 여자가 있어 예수께서 바리새인의 집에 앉아 계심을 알고 향유 담은 옥합을 가지고 와서 예수의 뒤로 그 발 곁에 서서 울며 눈물로 그 발을 적시고 자기 머리털로 닦고 그 발에 입맞추고 향유를 부으니 예수를 청한 바리

새인이 그것을 보고 마음에 이르되 이 사람이 만일 선지자라면 자기를 만지는 이 여자가 누구며 어떠한 자 곧 죄인인 줄을 알았으리라 하거늘 예수께서 대답하여 이르시되 시몬아 내가 네게 이를 말이 있다 하시니 그가 이르되 선생님 말씀하소서 이르시되 빚 주는 사람에게 빚진 자가 둘이 있어 하나는 오백 데나리온을 졌고 하나는 오십 데나리온을 졌는데 갚을 것이 없으므로 둘 다 탕감하여 주었으니 둘 중에 누가 그를 더 사랑하겠느냐 시몬이 대답하여 이르되 내 생각에는 많이 탕감함을 받은 자니이다 이르시되 네 판단이 옳다 하시고 그 여자를 돌아보시며 시몬에게 이르시되 이 여자를 보느냐 내가 네 집에 들어올 때 너는 내게 발 씻을 물도 주지 아니하였으되 이 여자는 눈물로 내 발을 적시고 그 머리털로 닦았으며 너는 내게 입맞추지 아니하였으되 그는 내가 들어올 때로부터 내 발에 입맞추기를 그치지 아니하였으며 너는 내 머리에 감람유도 붓지 아니하였으되 그는 향유를 내 발에 부었느니라 이러므로 내가 네게 말하노니 그의 많은 죄가 사하여졌도다 이는 그의 사랑함이 많음이라 사함을 받은 일이 적은 자는 적게 사랑하느니라 이에 여자에게 이르시되 네 죄 사함을 받았느니라 하시니 함께 앉아 있는 자들이 속으로 말하되 이가 누구이기에 죄도 사하는가 하더라 예수께서 여자에게 이르시되 네 믿음이 너를 구원하였으니 평안히 가라 하시니라"(누가복음 7:36-50)

바리새인[71]인 시몬이 저녁 식사를 위해 예수님과 많은 손님을 그의 집으로 초대했다. 그는 적어도 예수님과 함께 있을 때 적절한 에티켓을 무시했다. 죄인으로 소문이 자자한 여성이 값비싼 향유를 담은 옥합을 들고 초대받지 않은 파티에 참석했다.[72]

그녀는 예수님 뒤에 서서 울고 있었는데, 눈물이 예수님의 발에 떨어지는 것을 보고는 예수님 앞에 무릎을 꿇고 머리카락으로 예수님의 발을 닦았다. 그때 그녀는 향유를 담은 옥합[73]을 가져다 깨뜨려 값비싼 향유로 예수님의 발에 기름을 부었다.

바리새인인 시몬은 비판적인 시각으로 지켜보고 있었으며 잘 알려진 그 여인뿐만 아니라 예수님에 대해서도 판단했다. 그때 예수께서는 갚을 수 없는 빚을 지고 있는 두 남자의 이야기를 들려주셨다.

한 사람은 조금 빚지고 다른 사람은 많은 빚을 졌다. 예수님은 시몬에게 그들 중 누가 그들 빚을 탕감해 준 사람을 더 사랑하겠느냐고 물으셨다. 43절, "시몬이 대답하여 이르되 내 생각에는 많이 탕감함을 받은 자니이다. 이르시되 네 판단이 옳다 하시고" 예수님께서는 시몬에게 그가 하지 않았던 것과 그 여인이 했던 것, 즉 그녀가 전 재산으로 예수님을 사랑했던 것에 대해 말씀하셨다. 그녀는 예수님을 매우 사랑했다!

---

71) 종교지도자.
72) 옥합은 매우 비싸고 봉인이 된 항아리로 안에 있는 값비싼 향유를 얻기 위해서는 깨뜨려져야만 한다.
73) 아마도 그녀가 소유한 전 재산.

예수님은 그녀의 모든 죄를 용서하셨고 그녀는 하나님과 화평을 누리게 되었다. 그 순간 그녀의 마음이 바뀌었다.

"네 보물 있는 그 곳에는 네 마음도 있느니라"(마태복음 6:21)

자신의 죄악된 마음이 자신을 위해 구입한 값비싼 향유 옥합보다 예수님을 더 사랑하기를 원했다. 예수님은 그녀의 보물이 되셨다. 신약 성경은 그녀가 자신의 중독된 삶으로 돌아가지 않았음을 암시한다! 그녀는 생수의 근원인 생명의 진정한 원천을 찾았다. 예수님과 예수님의 제자들과의 관계를 찾았고,[74] 예수님과 다른 사람들을 섬기는 데서 삶의 목적을 찾았다.

마음의 변화가 필요하다! 마태복음 13장 15절은 이사야 6장 9절을 인용하여 다음과 같이 기록하고 있다.

"이 백성들의 마음이 완악하여져서 그 귀는 듣기에 둔하고 눈은 감았으니 이는 눈으로 보고 귀로 듣고 마음으로 깨달아 돌이켜 내게 고침을 받을까 두려워함이라 하였느니라"(마태복음 13:15)

중독성 있는 행동들로 고통당하는 우리는 지금 완악한 마음 상태

---

74) 예를 들면, 당시에 예수님을 따르는 여성 제자들이 있었다.

이거나 또는 예전부터 마음이 완악해졌을 것이다. 친구들과 가족, 우리를 사랑해서 충고해 주는 사람들의 말을 듣는 것 같았지만 전혀 귀기울이지 않았다는 것을 알고 있다. 우리는 눈과 귀를 닫았다.

그러나 '고개를 돌려' 보고 듣는다면 하나님을 보게 된다. 예수님을 통한 하나님의 용서와 그분의 성령을 통해 우리를 구원해 주시고 치료해 주시는 하나님의 능력을 보게 된다. 이를 위해 마음의 변화가 필요하다!

> "형제들아 너희는 삼가 혹 너희 중에 누가 믿지 아니하는 악한 마음을 품고 살아 계신 하나님에게서 떨어질까 조심할 것이요 오직 오늘이라 일컫는 동안에 매일 피차 권면하여 너희 중에 누구든지 죄의 유혹으로 완고하게 되지 않도록 하라"(히브리서3장12-13)

우리가 경건한 사람들이나 예수님과 관계를 맺고 있을 때, 이 관계를 통해 중독에서 벗어나 건설적인 삶을 살도록 권면을 받을 수 있다. 이를 위해 마음의 변화가 필요하다!

셋째, 완전한 공개가 필요하다. '진실과 오직 진실.' 그것이 전부다! 아담과 하와가 벌거벗었으나 부끄러워하지 않았다. 숨기는 것은 아무 것도 없었다. 그들의 영혼은 육체만큼 벌거벗겨져 노출되었다. 그런 다음 그들은 처음으로 숨겨진 동기와 욕망, 굶주림 등을 품게 되었다.

습관과 중독으로 고통을 겪고 있는 사람들처럼, 우리도 속임수, 거짓말, 부정직, 조작, 반쪽짜리 진실, 허위, 부정행위, 이중성, 가식 및 평판이 좋지 않은 더 많은 행동에 대한 경험이 없지 않다.[75]

이들 대부분은 중독성 있는 전략들을 숨기거나 은폐하는 데 사용되었다. 우리는 그것들이 노출되지 않도록 거의 모든 것을 사용할 것이다. 다음 예화는 다소 저속할 수 있지만 효과적이다.

불쾌한 음식을 먹고 배가 뒤틀리기 시작하면 토한 후에 기분이 나아질 것이라는 것을 <u>알고</u> 있으므로 당신이 할 수 있는 유일하면서도 현명한 일은 토하는 것이다. 그런데, 당신은 <u>토하지 않으려고</u> 가능한 모든 일을 한다!

이것은 자신이 도움이 필요하다는 것을 알고, 의존적이며, 중독되어 있고, 어디서 도움을 받을지 알고 있지만 고백[76]하고 항복하는 것을 거부하는 사람을 묘사하고 있다.

하나님은 우리가 인정하지 않고 있는 것들에 관한 모든 것을 알고 계신다! 전에 말했듯이 하나님은 이미 알고 계신다. 당신은 그분에게 그 어떤 것도 감출 수 없다. 거울을 들어 자신을 보라. 당신이 도움이 필요하다는 것을 스스로 인정하라. 신뢰할 만한 친구를 찾아서 그에게 <u>완전히 공개하라.</u>

---

75) 역자 주: 아주 능숙하다
76) 인정

에베소 교회는 사람들의 숨은 죄와 숨은 동기들로 어려움을 겪고 있었다. 한 사건이 발생했고 그 결과가 사도행전 19장에 다음과 같이 보고된 바 있다.

> "믿은 사람들이 많이 와서 자복하여 행한 일을 알리며 또 마술을 행하던 많은 사람이 그 책을 모아 가지고 와서 모든 사람 앞에서 불사르니 그 책 값을 계산한즉 은 오만이나 되더라 이와 같이 주의 말씀이 힘이 있어 흥왕하여 세력을 얻으니라"(사도행전 19:18-20)

마법 또는 마술은 자신이 다른 사람 위에 군림하는 권세를 가지고 있다는 것[77]을 보이는데 사용되던 것이었다. 마술을 행하던 사람들은 남을 조종해서 그들의 관계와 목적을 위한 밑바닥 없는 구덩이를 채우는 일에 중독되었다.

마술사들은 죄악된 행동의 속박에서 그들을 자유롭게 하려고 예수님이 오셨다는 진리를 들었을 때, 매우 비싸고 희귀한 마술 관련 책들을 모아 가지고 와서 모든 사람 앞에서 불살랐다. 그들은 자신들의 과거를 완전히 공개하고 새로운 자유의 미래를 선포했다.

그 마술을 행하던 사람들이 자신들의 관계와 목적을 위한 밑바닥 없는 구덩이를 채워 줄 수 없는 마술로부터 자유롭게 된 것은 그들이

---

77) 이생의 자랑.

경험한 죄책감, 수치심이 공개적으로 드러난 것보다 더 가치가 있다!

그리핀(Emory A. Griffin)은[78] 다음과 같이 썼다.

> 자기 공개에 대해 널리 알려진 사실은 버스 승객 현상(the bus-rider phenomenon)이라고 불리는 것이다. 사람들은 평생 친구보다 낯선 사람에게 자신의 마음을 드러내는 것을 선호한다. 그 이유는 분명하다. 그레이하운드[79] 옆 좌석 친구를 다시는 볼 수 없을 것이므로 나의 내면 깊은 소망과 두려움을 나누어도 공유 위험이 없다. 이런 종류의 자기 공개가 우리 가슴에서 그것들을 떼어 내는데 어느 정도의 카타르시스를 제공해 준다 할지라도, 우리에게 앞서 언급한 대인 관계상의 혜택을 주지는 않는다. 게다가 그것은 위험하다. 그 사람이 내 친구의 친구가 아님을 어떻게 알 수 있는가? 종종 낯선 사람에게 '모든 것을 털어 놓는다'는 일시적인 안도감은 다음날 아침 의심과 당혹감으로 빛을 잃게[80] 될 것이다. 우리와 지속적인 관계를 맺고 있는 사람 중에서 내 말을 들어줄 한 사람을 선택하는 것이 훨씬 더 만족스러울 것이다.
>
> 가장 친한 친구가 담임목사인 나는 행운아다. 우리는 10년 동안 아주 가깝게 지내왔다. 매주 지역 YMCA의 한증막에서 한 시간 반을 보낸

---

78) Griffin, E.A., & Griffin, E. (1997). Getting together: A guide for good groups. Downers Grove, Ill.: InterVarsity Press.
79) 역자 주: 미국에서 운행하는 장거리 버스를 말하며, 한 도시에서 다른 도시 또는 다른 주까지 교통편을 제공한다.
80) 역자 주: 무색하게.

다. 우리 우정이 계속 유지되고 있는 것은 한증막의 수증기와 함께 소용돌이치는 내 삶의 자세한 세부 내용들이 서로에 대한 상호 책임의 신뢰 속에서 나누어지고 있다는 것을 의미한다.

그도 역시 운이 좋다. 나는 우리 교회의 청소년 프로그램에 참여하고 있지만, 장로나 집사로는 봉사하지 않는다. 나의 유일한 임무는 이 비공식 '한증막 위원회'다. 그는 나를 고해 성사를 들어주는 사제로, 아이디어에 대한 지지자 또는 아이디어에 대한 토론회 위원으로 사용할 수 있다. 함께 흠뻑 젖은 시간의 역사를 가지고 있기 때문에 우리 중 누구도 '무대 위에'[81] 있다고 느끼지 않는다.

아내와 나는 부부 수련회에서 다른 부부들과 함께 이와 동일한 책임감을 경험했다. 여섯 커플은 신앙, 직업, 성생활, 돈, 갈등 그리고 육아에 있어서의 고충을 각자 부부끼리, 그리고 다른 부부들과 나누었다. 자기 공개는 가치가 있다. 공유된 자료는 일주일 후에도 여전히 우리에게 중요한 사람들만이 알 수 있다. 자기 공개는 진정성에 중점을 두었다.

그리핀의 이야기는 그리스도를 믿는 '죄의 속박에서 해방된' 신자들, 그들의 쇠사슬을 끊어 준 예수님을 마음에 모신 사람들 사이에서는 흔한 일이다.

---

81) 역자 주: on stage. 모든 관객이 보는 무대 위에서 하는 이야기가 아니라는 의미.

우리는 자유를 유지하는 데 도움이 필요하다! 예수님은 우리를 죄의 속박에서 자유롭게 하고, 풍성한 삶을 누리게 하러 오셨지만 이 세상에서의 삶은 힘들다. 습관적이고 중독성 있는 행동으로 고생하는 우리 모두는 그 행동으로 유인하는 자신의 트리거들[82]을 안다. 이러한 트리거들[83]은 우리를 넘어지게 하고 결국 빠져들게 한다.

우리는 고백을 들어줄 사람, 믿을 수 있는 사람, 진실을 말해 줄 사람, 판단하지 않고 우리가 저지른 것에 대해 책임을 물어 줄 사람이 필요하다. 즉, 그리스도 예수 안에서 자유로워져라! 유혹들과 생각들을 완전히 공개하고, 다른 누군가에게 그것들을 노출하는 것만으로도 우리를 바로 세울 수 있다는 것은 놀라운 일이다.

> "두 사람이 한 사람보다 나음은 그들이 수고함으로 좋은 상을 얻을 것임이라 혹시 그들이 넘어지면 하나가 그 동무를 붙들어 일으키려니와 홀로 있어 넘어지고 붙들어 일으킬 자가 없는 자에게는 화가 있으리라"(전도서 4:9-10)

우리 모두는 우리에 대해 모든 것을 아는 사람들이 필요하다. 당신

---

82) 다음 장에서 트리거(촉발제)에 대해 자세히 설명할 것이다.
83) 역자 주: 트리거(Trigger)란 영어로 방아쇠라는 뜻인데, 방아쇠를 당기면 그로 인해 총기 내부에서 알아서 일련의 작업을 실행하고 총알이 날아간다. 이렇듯 중독에서 트리거란 약물이나 술과 같은 중독 물질에 손을 대게 하거나 약물 또는 알코올을 갈망하게 만드는 것들이다. 일부 트리거는 배고픔, 분노, 외로움 또는 피로일 수 있다.

이 결혼했다면, 배우자를 적극 추천한다. 인생의 반려자와의 완전한 공개는 가장 보람 있는 일이다.

남성 역시 남성을 이해하려면 남성이 필요하다. 아무 남자 또는 여자에게 이성을 이해하느냐고 물어 보라. 당신은 여기서 하나님의 신비를 찾을 수 있다. 그 신비는 삶을 계속 흥미롭게 한다. 그래서 인생의 반려자가 고백을 들어줄 사람으로서 양측 모두에게 좋은 일이지만, 남자는 남자가 필요하고 여자는 여자가 필요하다.

삶에 대한 완전한 공개는 신뢰, 친밀함, 그리고 판단하지 않는 것과 진심 어린 격려, 가용성[84]이 바탕이 되어야 한다. 직접 대면해서 공개하는 것을 추천한다. 전화, 문자 메시지, 컴퓨터를 이용한 대화 및 기타 모든 것이 유용할 테지만, 일대일로 얼굴을 대면하는 친밀함과 비교할 수 있는 것은 없다.

성경에서 가장 솔직하고 원기를 북돋아 주는 약속 중 하나는 야고보서 5장 16절에 있다.

"그러므로 너희 죄를 서로 고백하며 병이 낫기를 위하여 서로 기도하라 의인의 간구는 역사하는 힘이 큼이니라"

헬라어 원문의 동사 시제는 이것이 계속 반복되는 고백과 기도임

---

84) 역자 주: availability. 필요할 때 이용 가능성을 말한다.

을 나타낸다. 또한 이것은 우리 삶에 대한 고백과 치유를 위한 중보가 지속적으로 필요하다는 것을 보여준다. 이 치유는 육체적, 정신적,[85] 감정적[86] 또는 치유에 대한 우리 의지[87] 또는 영적인 것[88]일 수 있다.

이 책의 목적과 중독성을 위해 이렇게 말할 수 있다. 당신이 진정으로 치유되고 싶다면, 서로에게 온전히 고백하고 서로를 위해 계속 기도하라.[89]

---

85) 우리가 생각하는 방식.
86) 우리가 느끼는 방식.
87) 올바른 길을 기꺼이 따르기.
88) 하나님의 관점을 얻는 것.
89) 역자 주: 저자는 이 완전한 공개가 본인의 치유에 있어 얼마나 엄청났는지를 발견한 후 정기적으로 실천하고 있다.

1. 자유로워지면 우리의 생각을 어떻게 바꿔야 합니까?

2. 로마서 12:1-2의 말씀이 당신에게 어떤 영향을 미쳤습니까?

3. 당신의 생각이 '헛되게' 되었던 몇몇 사례들을 적어 보십시오.

4. 바리새인의 집에 식사 초대를 받지 않고 참석한 죄 많은 여인의 이야기에서 무엇을 배웠습니까?

5. 당신은 누구에게 자신을 완전히 공개한 적이 있습니까?

6. 당신은 완전히 드러낼 수 있는 누군가가 있습니까? 사람들을 기록해 보십시오.

중독에서
자유로운 삶
이후

Living Free

10

재발하고 다시 시작하고

/

Fits and Starts

이 장은 중독에서 자유롭게 된 삶을 시작할 때 무엇을 예상해야 하는지에 관한 것이다. '재발과 다시 시작(Fits and Starts)'[90]은 일반적으로 대부분의 사람들이 짧은 기간에 이루진다는 것을 의미한다. 당신은 원치 않는 습관을 충분히 정복했다고 생각하지만, 그런 다음에 정복에 실패하고 이전 습관으로 돌아가 자신의 연약함, 허약함, 무능함 등을 '자책'하기 시작한다. 이를 '재발'이라고 한다.

중독에서 자유로운 삶인 정상적인 모습으로 돌아온 후에도 일정 기간 동안 습관이나 중독에 빠져있었기 때문에 자신의 현재 모습을 완전히 받아들이기까지 시간이 걸린다는 것을 명심해야 한다.[91] 당신의

---

90) 역자 주: '중독의 재발과 재시작'을 설명하기 위해 저자가 만든 용어다.

동료, 즉 당신이 관계를 맺고 있는 사람이나 당신의 상태를 완전히 공개한 사람은 엄격하지만 친절하게 당신이 회복의 길로 계속해서 갈 수 있도록 도와야 한다. 이것이 '다시 시작'이다. [92]

당신이 경험하게 될 재발과 다시 시작하는 빈도수는 예수님과의 관계가 얼마나 깊은지, 그리고 하나님을 기쁘게 하는 자가 되려는 열망이 어느 정도인지에 달려 있다.

성령 하나님은 당신의 도우미이고 당신의 삶에서 죄를 책망하는 분이다. 또한 위로자이며 당신이 용서를 받았고 하나님이 당신을 위해 더 나은 계획을 가지고 있다는 것을 기억나게 하시는 분이다.

모든 신자와 마찬가지로 사도 바울도 어려움을 극복하면서 '재발과 다시 시작'을 경험했다.

> "그러므로 내가 한 법을 깨달았노니 곧 선을 행하기 원하는 나에게 악이 함께 있는 것이로다 내 속사람으로는 하나님의 법을 즐거워하되 내 지체 속에서 한 다른 법이 내 마음의 법과 싸워 내 지체 속에 있는 죄의 법으로 나를 사로잡는 것을 보는도다 오호라 나는 곤고한 사람이로다 이 사망의 몸에서 누가 나를 건져내랴 우리 주 예수 그리스도로 말미암아 하나님께 감사하리로다 그런즉 내 자신이 마음으로는 하나님

---

91) 그렇다고 당신이 실패할 권한이 있다는 것은 아니다. 당신은 실패하지 마라!
92) 역자 주: 이 용어 역시 일반적인 상담 용어가 아니다. 저자가 만든 용어다.

의 법을 육신으로는 죄의 법을 섬기노라 그러므로 이제 그리스도 예수

안에 있는 자에게는 결코 정죄함이 없나니 이는 그리스도 예수 안에

있는 생명의 성령의 법이 죄와 사망의 법에서 너를 해방하였음이라"

(로마서 7:21- 8:2)

바울이 로마 교회 성도들과 우리 모두에게 말하는 것은 죄성을 극복하는 것이 간단하거나 쉽지 않다는 것이다!

하나님의 말씀인 예수님이 육신이 되고, 완전한 사람으로 살며, 완전한 희생 제물로 죽고, 그것을 성취하기 위해 죽은 자에서 살아나야 했다. 그 다음 성령 하나님은 삶을 통하여 우리를 변화시켜 거룩하게 하여 그분과 함께 영원히 거룩하고, 흠도 없고, 떳떳하고 결실 있는 삶을 살도록 하신다.

바울은 우리가 의사 결정을 할 때 마음에서 전투가 벌어지고 있다고 말한다. 한때 자기 스스로 노예로 삼았던 것에서 벗어나, 하나님을 기쁘게 하는 사람이 되기로 자유롭게 결정할 수 있다. 또한 습관적인 죄도 자유롭게 선택할 수 있다.

어떤 결정을 신중하고 더 진지하게 내리려고 할 때 점점 더 올바른 결정을 하게 되고, 하나님의 은혜는 죄악된 행동에 대해 스스로 "아니오!"라고 말할 수 있도록 가르치신다.

"모든 사람에게 구원을 주시는 하나님의 은혜가 나타나 우리를 양육

하시되 경건하지 않은 것과 이 세상 정욕을 다 버리고[93] 신중함과 의

로움과 경건함으로 이 세상에 살고"(디도서 2:11-12)

우리는 위의 로마서 8장 1절부터 2절까지의 말씀처럼 사망으로 인도하는 죄의 권세에서 해방되어야 한다! 하지만 우리가 선택해야 한다! 단 한 번이 아니라 매일, 유혹이 있을 때마다, 모든 연약한 순간마다 선택해야 한다. 핵심은 유혹에 넘어질 때 그것을 더욱 '포기 모드'에 던져 버려 신세를 한탄하는 것이 아니라 그것이 바로 실패라는 것을 인식해야 하는 것이다.

실패를 인식했다면 확실하게 고백하고, 하나님이 당신에게 주신 모든 힘을 써서 다시 돌아서라. 전화, 특히 스마트폰은 훌륭한 도움이 된다. 유혹을 받을 때 넘어지기 전에 전화를 하라. 하나님께서 함께 살아가도록 당신에게 주신 사람들을 통해 하나님의 권면을 받으라. 또한 그들이 당신에게 전화해야 할 필요가 있을 때도 그들과 함께하라!

"사람이 시험을 받을 때에 내가 하나님께 시험을 받는다 하지 말지니 하나님은 악에게 시험을 받지도 아니하시고 친히 아무도 시험하지 아니하시느니라 오직 각 사람이 시험을 받는 것은 자기 욕심에 끌려 미혹됨이니 욕심이 잉태한즉 죄를 낳고 죄가 장성한즉 사망을 낳느니

---

93) 역자 주: 영어 원문을 직역하면 '세상적인 정욕에 대해 아니오라고 말하고'이다.

라"(야고보서 1:13-15)

유혹 자체는 죄가 아니다. 14절의 '때'에 주목하라. 이것은 앞으로 일어날 일이다! 주목할 지점은 '자기 욕심에 끌려 미혹되는' 순간이다. 이 순간에 도움이 필요하다! 우리는 하나님께 기도할 뿐만 아니라 신뢰하는 사람들에게도 힘을 불러일으키는 전화를 할 필요가 있다.

"그리고 서로 마음을 써서 사랑과 선한 일을 하도록 격려합시다."[94](히브리서 10:24, 새번역)

재발과 다시 시작은 예상되는 과정이다. 나는 "실패는 죄악된 행위에 대한 변명, 이유, 설명 또는 방어가 아니다"는 말보다 더 강한 어조로 말할 수 없다. 우리가 실패하면 즉시 죄를 경멸하고 회개해야 한다. 무슨 일이 일어났는지를 솔직하게 고백하고 유혹과 미혹당한 것을 드러내고 그것이 무엇인지 인식하고 자유로운 삶으로 되돌아가야 한다.

"그러므로 하나님께 복종하고, 악마를 물리치십시오. 그리하면 악마는 달아날 것입니다. 하나님께로 가까이 가십시오. 그리하면 하나님

---

94) 역자 주: 영문 번역, 그리고 우리가 어떻게 사랑과 선행을 향해 서로에게 박차를 가할 수 있는지 생각해 봅시다.

께서 가까이 오실 것입니다. 죄인들이여, 손을 깨끗이 하십시오. 두 마음을 품은 사람들이여, 마음을 순결하게 하십시오. 여러분은 괴로워 하십시오. 슬퍼하십시오. 우십시오. 여러분의 웃음을 슬픔으로 바꾸십시오. 기쁨을 근심으로 바꾸십시오. 1주님 앞에서 자신을 낮추십시오. 그리하면 주님께서 여러분을 높여주실 것입니다."(야고보서 4:7-10, 새번역)

야고보는 이 말씀에서 재발에 대한 올바른 반응을 설명하고 있다. 겸손과 회개함으로써 하나님께 나아가고, 손을 깨끗이 씻으며,[95] 자신이 행한 죄악된 행위에 대해 통회하는 것은 재발에 대한 올바른 반응이다.

주님 앞에서 스스로 낮출 때 주님께서 우리를 높여 주실 것이다. 이 것이 '다시 시작!'이다. 우리의 '동료'[96] 즉 삶을 통해 우리와 동행할 사람들, 함께 생활하기 위해 최선을 다하는 사람들은 중독에서 자유롭게 된 삶을 살아가는 과정에서 매우 소중하다.

---

95) 완전히 공개하기.
96) 역자 주: Posse, 우리와 함께 시간을 많이 보내는 무리들.

Q&A

1. '재발'이란 무엇입니까?

2. 당신의 마지막 '재발'을 설명해 보십시오. 그리고 그것을 어떻게 처리했습니까?

3. '다시 시작'이란 무엇입니까?

4. 당신의 '동료'는 누가 있습니까?

5. 당신은 그들에게 완전히 공개할 것을 약속했습니까?

11

당신의 트리거는 무엇인가[97]

/

Identifying Triggers

원치 않는 습관이나 중독성 있는 행동을 이해하는 데 중요하고 필수적인 도구는 '트리거'다. 트리거는 무엇이든 될 수 있다. 어떤 상황이나 광경, 냄새, 소리, 한가한 시간,[98] 생각, 말, 노래, 장소, 유혹을 불러일으키는 모든 것이 트리거인 것이다.

이러한 트리거의 인식은 중독에서 자유로운 삶을 위해 필수적이다. 이 책의 PART 1에서 논의했듯이 습관은 같은 방식으로 반복해서

---

97) 역자 주: 트리거는 영어 Trigger를 그대로 음역했다. '방아쇠'라는 뜻인데 방아쇠를 당기면 총알이 나아가듯 어떤 사람이 중독에 빠지도록 자극하고 촉발시키는 것들을 가리킨다. 즉, 약물이나 술과 같은 중독물질에 손을 대게 하거나 약물 또는 알코올을 갈망하게 만드는 것들을 가리켜 '트리거'라고 말한다. 일부 트리거는 배고픔, 분노, 외로움 또는 피로일 수 있다. 심지어는 '펑!' 하는 병 따는 소리가 술을 먹고 싶은 갈망을 일으키는 트리거(촉발제)인 사람도 있다.
98) 할 일이 없어서 한가한 시간.

특정 자극에 반응할 때 형성된다. 습관은 행동적 반응이다. 따라서 당신이 습관적인 행동에서 벗어나고자 할 때 자극이 나타나면 당신은 습관과 다르게 행동해야만 한다!

4장 '습관이 중독이 되기까지'에서 사용했던 한 가지 예는 다음과 같다. "예를 들어, 직장에서 도저히 용납할 수 없는 낮은 업무 성과 평가서를 받고 상사에게 화가 났을 수 있다. 그때 마음속 깊은 곳에서부터 내 영혼을 위한 움직임이 일어, 스스로 기분 좋게 할 필요가 있다고 생각한다.

기분을 좋게 하는데 내가 '의존하는' 행동은 초콜릿을 먹는 것이므로 식탁에서 캐드버리 초콜릿 1/2 파운드를 먹는다. 캐드버리 초콜릿이 기분을 한결 나아지게 하기 때문에 다음, 그 다음에도 만족감을 위해 초콜릿을 먹게 된다." 이 예에서 보듯이 그는 생수의 근원인 하나님께 가는 것이 아니라 뒷마당의 콘크리트로 만든 새의 물통의 물[99]을 마시고 있는 것이다.

생수의 근원인 하나님께 도달하려면 어떻게 해야 하는가? 한 가지 대답은 기도다. "하지만 기도할 수 없을 때도 있었어."라고 말할지도 모른다. 그럴 때 당신과 많은 시간을 보내는 사람들 중 한 사람에게 전화하여 함께 기도하고, 하나님 말씀으로 시간을 보내고, 당신의 '고백을 들어줄 사람'과 커피를 마시고, 유혹에 대해 말해 보라.

---

99) 목적을 향한 밑바닥 없는 구덩이를 채우려는 노력.

이러한 것들이 단순해 보이지만 효과가 있다! 이것은 일시적으로 잠깐의 만족을 주고 이내 허무함만 남는 세상적인 것들로 향하는 대신, 습관이나 중독을 극복하기 위해 하나님께서 주신 신령한 은사로 향하게 한다.

> "내 형제들아 너희가 여러 가지 시험을 당하거든 온전히 기쁘게 여기라 이는 너희 믿음의 시련이 인내를 만들어 내는 줄 너희가 앎이라 인내를 온전히 이루라 이는 너희로 온전하고 구비하여 조금도 부족함이 없게 하려 함이라 너희 중에 누구든지 지혜가 부족하거든 모든 사람에게 후히 주시고 꾸짖지 아니하시는 하나님께 구하라 그리하면 주시리라 오직 믿음으로 구하고 조금도 의심하지 말라 의심하는 자는 마치 바람에 밀려 요동하는 바다 물결 같으니 이런 사람은 무엇이든지 주께 얻기를 생각하지 말라 두 마음을 품어 모든 일에 정함이 없는 자로다"
>
> (야고보서 1:2-8)

여기에 중독에서 자유롭게 된 삶의 과정에 대한 설명과 하나님께서 주실 도움에 대한 경고가 있다.

첫째, 갖가지 시험이[100] 우리에게 오는 이유가 있다! 우리에게 크게 기뻐할 기회를 주기 위해서다! 하나님의 신실함이 증명될 때, 그리고

---

100) 고난, 시련, 유혹, 꼬임, 어려움, 스트레스, 난관(진퇴양난), 고통, 역경, 투쟁 등.

친구들이 자신의 신실함을 증명할 때 믿음이 견고해지고 성숙해진다. 인내가 만들어진다. 더 큰 시련과 더욱 성숙함이 여러분 앞에 있다[101].

최종 목표는 아무것도 필요치 않은 완전함이다.[102] 그동안 우리에게 지혜가 필요하다. 이 지혜들은 삶의 질문들 중 '언제, 어디서, 무엇을, 어떻게'와 관련된 것들이다.

이 지혜를 하나님께 구하라고 깨우쳤고, 그것을 주실 것이다. 이 지혜는 성경 말씀, 성령님의 계시, 성숙한 사람들의 현명한 조언, 당신이 읽은 것, 심지어 누군가가 말하는 것 등등 여러 방면에서 올 수 있다. 이처럼 하나님께서는 우리가 찾는 지혜를 주신다고 보장하셨다.

두 번째 경고는, 오직 하나님께 지혜를 구하라는 것이다! 세상의 지혜는 선하지 않다. 어리석다! 세상은 다른 사람들과 똑같이 할 것을 제안하고, 상황에 따라 바뀌는 윤리를 제안하며, 결과가 수단을 정당화할 것과 '상식'[103]적일 것을 제안한다. 세상은 절대적이기보다는 편의주의적 도덕률인 도덕적 상대주의를 제안한다.

그러나 하나님은 그 답을 가지고 계신다! 예수님은 길이요 진리요 생명이시다! 성령은 우리를 거룩함으로 인도한다! 성경은 우리를 하나님의 길로 인도한다!

---

101) 이는 평생의 과정이며 여러분의 성숙한 삶이 훗날 많은 사람에게 필요할 것임을 기억하라.
102) 즉, 당신은 예수님과 그의 왕국이 당신이 필요로 하는 모든 것임을 발견했다.
103) 상식이 보편적으로 흔한 것이면, 상식은 인간의 지혜다.

"주의 말씀은 내 발에 등이요 내 길에 빛이니이다"(시편 119:105)

그러한 트리거들이 당신의 허점을 찌르지 못하도록 예수님께 당신의 트리거들[104]을 드러나게 해 달라고 간구해 보라. 하나님은 그 촉발제들을 알고 계신다!

"그가 시험을 받아 고난을 당하셨은즉 시험받는 자들을 능히 도우실 수 있느니라"(히브리서 2:18)

하나님은 당신이 직면하고 있는 것을 모르지 않으시고, 준비되어 있으며 기꺼이 당신을 구하실 수 있다.

"여러분은 사람이 흔히 겪는 시련 밖에 다른 시련을 당한 적이 없습니다. 하나님은 신실하십니다. 여러분이 감당할 수 있는 능력 이상으로 시련을 겪는 것을 하나님은 허락하지 않으십니다. 하나님께서는 시련과 함께 그것을 벗어날 길도 마련해 주셔서, 여러분이 그 시련을 견디어 낼 수 있게 해주십니다."(고린도전서 10:13, 새번역)

이 말씀을 통해 우리는 당신이 특별하지 않다는 것을 안다! 당신

---

104) 당신은 트리거(촉발제)들 대부분을 이미 알고 있다.

이 겪는 시련은 흔히 사람들이 겪는 일이다. 당신의 습관과 중독은 새롭거나 희귀한 어떤 것이 아니며 하나님을 놀라게 하지 못한다. 하나님께서는 이미 보았고 당신이 자유롭게 살 수 있도록 도와주는 지혜를 가지고 계신다!

> "시험을 견디어 내는 사람은 복이 있습니다. 그 사람은 그의 참됨이 입증되어서, 생명의 면류관을 받을 것이기 때문입니다. 그것은 하나님을 사랑하는 사람들에게 약속된 것입니다."(야고보서 1:12, 새번역)

당신의 트리거들을 떼어 내라. 중독에서 자유로운 삶을 살아라! 하나님께 그 지혜를 구하라. 놀라운 결과가 밝혀질 것이며 하나님의 능력에 대한 자신만의 간증을 갖게 될 것이다.

Q&A

1. 트리거란 무엇입니까?

2. 당신의 트리거는 무엇입니까?

3. 유혹에 가장 취약한 때는 언제 입니까?

4. 당신은 당신의 트리거들과 당신의 취약한 부분들을 하나님께, 그리고 당신과 시간을 많이 보내는 사람들에게 완전히 공개했습니까?

5. 당신은 계속해서 하나님께 지혜를 달라고 구하고 있습니까?

12

중독이 없는 삶을 사랑하는가

/

Loving Life

사람들은 원치 않는 습관이나 중독이 없는 삶을 생각하는 것조차 힘들어한다. 중독[105]이 없는 삶은 어떨까? 여러분 중 누군가는 기뻐 뛰게 될 것이다. 그는 중독에서 자유로워진 삶을 살아갈 준비가 아주 잘 되어 있다.

여러분 중 누군가는 '만약 내가 중독[106]에서 자유로워지면 어떻게 해야 할지 모르겠다'라고 말할지도 모른다. 예를 들어, 흡연자들은 종종 금연을 하기 시작할 때 자신이 흡연하지 않는 손으로 무엇을 해야 할지 모르겠다고 말한다. 당신이 음란물을 시청하거나 비슷한 활동에

---

105) 각자 고군분투하고 있는 습관이나 중독.
106) 각자가 고군분투하고 있는 습관이나 중독.

익숙해져 있어도 마찬가지다.

포르노 중독에서 자유로워지고 나서 자유 시간을 어떻게 사용할지 모를 수 있다. 중독에서 자유로워진 후 초기에 이러한 어려움은 몹시 심각할 수 있으며 어떤 사람은 원치 않는 습관으로 되돌아갈 수도 있다. 여기서 핵심은 중독에서 자유롭게 된 삶을 사랑하기 시작하는 것이다!

이를 수행하는 한 가지 방법은 당신이 이미 겪었던 노예 생활, 속박된 삶을 기억하는 것이다. 다만 수치심 또는 죄책감 없이 그때를 기억해 보라! 당신은 이미 용서받았고 완전히 죄에서 자유롭게 되었다!

어느 날, 멘토 랄프 휘버(Ralph Weaver)가 내게 가르쳐 주려고 하는 것을 전혀 이해하지 못하고 어려움을 겪자, 그는 이렇게 말했다[107], "마이크, 넌 혼자서 배울 수도 있고 누군가에게 가르침을 받을 수 있어!" 이 얼마나 놀라운 교훈인가!

그가 이렇게 말한 이유를 정확히 기억하지 못하지만, 여전히 그 개념은 훌륭하다. 그 개념을 이렇게 생각해 보라. 하나님께서는 나를 거룩하게 만들려고 한다.

> "하나님의 뜻은 이것이니 너희의 거룩함이라"[108] (데살로니가전서 4:3)

---

107) 내 생각에 내가 그에게 좌절감을 느끼게 한 것 같다.
108) 거룩함이라=거룩하게 만들다.

알아맞혀 보라. 하나님께서 천국으로 데려가시면 나는 거룩해질 것이다! 그렇다면 어떻게 할 것인가? 나는 이 땅에서 거룩하게 사는 법을 배우거나 거룩하게 살기 위해 가르침을 받아야 한다.

더 자세한 설명이 필요하다면 내가 도울 것이다. 하나님은 성경에서 우리가 어떻게 살기를 원하는지 명확하게 말씀하셨고, 그분의 말씀을 안내하고 상기시켜 주는 성령을 보내셨다. 그러면 우리는 중독에서 자유로워지는 법을 배울 수[109] 있다. 또는 중독에서 해방되어 살아가는 삶에 대해 가르침을 받을 수[110] 있다!

어느 쪽이든 최종 결과는 동일하다. 우리 중 몇몇 사람은 흉터가 거의 또는 전혀 없이 중독에서 벗어날 것이다. 하지만 대부분의 사람은 상처를 갖게 된다. 결국 상처를 입지 않은 육체가 거의 없다고 할 수 있다.

> "내게 주신 하나님의 은혜를 따라 내가 지혜로운 건축자와 같이 터를 닦아 두매 다른 이가 그 위에 세우나 그러나 각각 어떻게 그 위에 세울까를 조심할지니라 이 닦아 둔 것 외에 능히 다른 터를 닦아 둘 자가 없으니 이 터는 곧 예수 그리스도라 만일 누구든지 금이나 은이나 보석이나 나무나 풀이나 짚으로 이 터 위에 세우면 각 사람의 공적이 나

---

109) 결과나 징계 없이.
110) 결과와 징계를 경험함으로.

타날 터인데 그 날이 공적을 밝히리니 이는 불로 나타내고 그 불이 각 사람의 공적이 어떠한 것을 시험할 것임이라 만일 누구든지 그 위에 세운 공적이 그대로 있으면 상을 받고 누구든지 그 공적이 불타면 해를 받으리니 그러나 자신은 구원을 받되 불 가운데서 받은 것 같으리라"(고린도전서3:10-15)

하나님의 은혜는 우리 삶을 세울 수 있는 거룩하고 완전한 기초를 제공한다. 그 기초는 예수 그리스도와 우리를 위한 그분의 완전한 희생이며, 우리를 깨끗하게 하고 죄에서 해방시켜 준다.

그 다음에 우리는 건물을 짓기 시작한다! 우리의 건축 자재는 금이나 은이나 보석이나,[111] 나무나 풀이나 짚[112]이다.[113] 핵심 단어는 10절 끝에 있다. "그러나 각각 어떻게 그 위에 세울까를 조심할지니라"

우리의 삶에는 한계가 있다. 하나님께서는 우리 삶에 대한 목적을 가지고 우리가 그 목적을 성취하도록 준비해 놓으셨다. 에베소서 2장 10절 말씀을 다시 인용하겠다.

"우리는 그가 만드신 바라 그리스도 예수 안에서 선한 일을 위하여 지으심을 받은 자니 이 일은 하나님이 전에 예비하사 우리로 그 가운데

---

111) 불에 타지 않는 재료.
112) 불에 타는 재료.
113) 어떤 독자에게는 나무, 풀, 짚이 원치 않는 습관, 우상, 중독, 죄악된 행위임이 분명하다.

서 행하게 하려 하심이니라"(에베소서 2:10)

하나님의 목적대로 살 때 우리는 금, 은, 보석으로 집을 세우고 있는 것이다.

우리 삶의 목적, 즉 밑바닥 없는 구덩이를 완벽하게 채우고 우리 영혼을 만족시키는 것은 하나님께서 우리에게 주신 일을 하면서 하나님이 주신 삶을 사랑하는 것이다!

영혼의 심연[114]을 결코 만족시킬 수 없는 것들[115]로 채우려고 삶을 낭비한다면 나무, 풀, 짚으로 집을 세우는 것과 같다. 불로 시험하는 날이 오면 금과 은과 보석으로 집을 지은 사람은 상을 받을 것이며, 나무, 풀, 짚으로 집을 지은 삶의 일부는 태워질 것이다.

예수님을 믿는 자의 최후도 이와 같다. 영생! 우리가 보상을 받고 들어갈지 구원을 받되 불 가운데서 받고 들어갈지, 이 선택은 우리의 몫이다. 지금은 그 모든 것이 명확하지 않다. 그러나 중독에서 자유로운 삶을 시작하기에 결코 늦지 않았다! 하나님께서 우리를 관계와 목적으로 넘쳐흐르도록 채우시기에 결코 늦지 않았다.

다만 나의 간절한 바람은 당신이 지금 시작하는 것이다! 아무것도 아닌 것, 만족을 줄 수 없는 것에 또 시간을 낭비하지 말라. 중독에서

---

114) 관계와 목적의 밑바닥 없는 구덩이.
115) 우리의 습관과 중독.

자유로운 삶을 살아라. 하나님께서 당신을 위해 계획하신 삶을 사랑하라. 중독에서 자유롭게 된 그 상태를 유지하고 금, 은, 보석으로 집을 지으라. 하나님과 당신에게 주신 하나님의 사람들과 함께 생활하라.[116) 하나님이 당신을 위해 준비한 것들을 성취하고, 온 마음을 다해 하나님을 섬기라![117) 중독에서 자유롭게 된 지금의 삶을 즐겨라. 당신에게 중독에서 자유롭게 된 삶을 주신 하나님을 예배하라.

혹시 당신이 중독에서 자유롭게 된 삶을 즐기기만 하고 하나님을 예배하는 삶을 '배우지' 못한다면, 하나님은 그분의 방법대로 '당신을 가르치실' 것이다.

> "그들은 잠시 자기의 뜻대로 우리를 징계하였거니와 오직 하나님은 우리의 유익을 위하여 그의 거룩하심에 참여하게 하시느니라 무릇 징계가 당시에는 즐거워 보이지 않고 슬퍼 보이나 후에 그로 말미암아 연단 받은 자들은 의와 평강의 열매를 맺느니라"(히브리서 12:10-11)

여기서 자녀를 양육하면서 최선을 다해 잘 자라도록 징계하는 우리 아버지와 비교해 보자. 하나님의 징계는 선하고 그분의 목적은 우리가 그분의 거룩하심에 참여하게 하는 것이다! '가르침을 얻는 것'은

---

116) 관계.
117) 목적.

고통스럽다!¹¹⁸⁾ 배움이나 가르침의 결과는 마침내 그것을 얻었을 때 의와 평강의 열매를 맺는 것이다! 우리는 대부분 스스로 배우기도 하고 가르침을 받기도 한다.

40년 동안 믿음으로 예수님과 함께 걸어왔고 많은 가르침을 받은 경험에 비추어, 나는 진심으로 당신이 징계 없이 배우기를 바란다!

> "너희가 서로 거짓말을 하지 말라 옛 사람과 그 행위를 벗어 버리고 새
> 사람을 입었으니 이는 자기를 창조하신 이의 형상을 따라 지식에까지
> 새롭게 하심을 입은 자니라"(골로새서 3:9-10)

우리가 새로운 삶을 사랑하기 위한 배움은 이전의 자아를 벗고 새로운 자아를 입는 과정이다. 당신은 이전에 했던 일과 과거의 죄악된 삶을 영원히 떠나 새롭게 되었다! 과거의 죄악된 삶에는 관계와 목적이 밑도 끝도 없는 구덩이를 채우기 위한 당신의 잘못된 전략¹¹⁹⁾을 포함하고 있다.

이제 새로운 삶 즉 과거의 잘못된 전략에서 자유롭게 된 지금, 하나님이 당신의 공허함을 채우고 당신이 하나님을 닮아 가도록 하신다고 믿을 것이다!

---

118) 우리는 배우거나(징계나 고통 없이) 가르침을 받거나(고통스럽게) 할 수 있음을 기억하라.
119) 원치 않는 습관과 중독성 있는 행동.

9절을 주목해 보라. "너희가 서로 거짓말을 하지 말라" 이것은 완전히 공개하라는 권고다. 비밀도 숨길 동기도 없다. 그러나 그것이 계속해서 당신을 수치심과 죄책감에 빠뜨리지 않도록 주의하라! 이 책의 원제 『Broken Chains: Freedom from unwanted habits and addictions』의 사슬들(Chains)은 행동 자체가 아니다. 이 행동은 단지 사슬과 사슬의 연결고리일 뿐이다.

이러한 행동은 채워지기를 요구하는 진공 상태의 블랙홀 같은 밑도 끝도 없는 두 구덩이[120] 때문이다. 술, 마약, 도박, 음란물, 섹스, 소비[121], 걱정 등과 같은 행동[122]은 채워지기를 요구하는 우리 영혼의 공허함 증상이다.

이 책은 우리의 밑도 끝도 없는 구덩이를 채우시는 하나님에 대한 책이다. 관계의 구덩이가 하나님에 의해 채워질 때 당신을 공허함에 묶어 두는 사슬이 끊어지게 된다! 목적과 의미를 위한 밑 빠진 구덩이도 마찬가지다!

우리는 중독에서 자유롭게 된 삶을 사는 것을 사랑해야 한다! 직접 하나님과의 관계, 하나님의 목적으로 우리를 채우시는 하나님을 사랑해야 한다.

---

120) 역자 주: 관계와 목적.
121) 물질적 소유물, 음식, 영화, 인터넷 등.
122) 연결고리.

"아침에 주의 인자하심이 우리를 만족하게 하사 우리를 일생 동안 즐겁고 기쁘게 하소서"(시편 90:14)

중독에서 자유롭게 된 삶을 사랑하라! 중독에서 자유롭게 된 삶을 사랑하는 것이 옛 전략들[123]로 되돌아가는 것에 대한 최선의 방어다.

"예수께서 대답하시되 진실로 진실로 너희에게 이르노니 죄를 범하는 자마다 죄의 종이라 종은 영원히 집에 거하지 못하되 아들은 영원히 거하나니 그러므로 아들이 너희를 자유롭게 하면 너희가 참으로 자유로우리라"(요한복음 8:34-36)

종은 주인의 가족을 위해 봉사하지만 그 가족 구성원은 아니다. 종들은 가족 구성원의 기쁨을 공유하지 않는다. 그러나 아들은 영원히 가족에 포함된다! 맏아들이신 예수님은 당신을 죄의 노예에서 해방시키신다. 단지 그분께 구하고 그것을 행하시는 그분을 믿으라. 당신 존재의 모든 진심을 다해 주님께 기도하라. 그 다음 주님과의 관계와 주님이 그의 나라에서 당신을 위해 가지고 있던 목적이 넘치도록 당신을 채우시게 하라.

---

123) 역자 주: 옛 생활.

"율법 아래에 있는 자들을 속량하시고 우리로 아들의 명분을 얻게 하려 하심이라 너희가 아들이므로 하나님이 그 아들의 영을 우리 마음 가운데 보내사 아빠 아버지라 부르게 하셨느니라 그러므로 네가 이 후로는 종이 아니요 아들이니 아들이면 하나님으로 말미암아 유업을 받을 자니라"(갈라디아서 4:5-7)

하나님과의 관계와 당신에 대한 그의 목적을 아는 것은 의미가 있다. 하나님과의 관계와 나를 향한 하나님의 목적을 아는 것은 당신이 자신을 스스로 채우려고 시도했었던 무의미한 것들과 다르다.

"거룩하게 하시는 이와 거룩하게 함을 입은 자들이 다 한 근원에서 난지라 그러므로 형제라 부르시기를 부끄러워하지 아니하시고"(히브리서 2:11)

이 구절은 예수님에 관한 것이다. 주님은 우리를 거룩하게 하시는 분이며 우리는 주님의 가족, 형제로 선언되었다!

"그러므로 아들이 너희를 자유롭게 하면 너희가 참으로 자유로우리라"
(요 8:36)

중독에 사로잡힌 노예 생활을 어떻게 미워하지 않을 수 있겠는가? 이 중독에서 자유롭게 된 삶을 어떻게 사랑하지 않을 수 있겠는가?

Q&A

중독에서 자유로운 삶을 위한 질문
Honest questions Leading to Freedom

1. 습관이나 중독을 좋아합니까?
   a. 만약 당신이 "아니오, 싫어요"라고 대답한다면, 왜 싫어합니까?
   b. 만약 당신이 "예, 좋아합니다"라고 대답한다면, 왜 그것을 좋아합니까?
   c. 만약 당신이 '좋아하기도 싫어하기도 해요'라고 대답한다면, 당신이 좋아하는 것과 당신이 싫어하는 것을 적어 보십시오.

2. 습관이나 중독이 없는 삶은 어떠할 것 같습니까?(당신의 습관 또는 중독을 기록해 보십시오).

3. 당신이 습관이나 중독에서 자유롭게 된 삶을 원하는지 아닌지 결정하십시오. 원합니다 (   ), 원치 않습니다(   ).

4. 당신이 중독에서 자유롭게 된 삶을 사랑하도록 하나님께 도와 달라고 간구하십시오!

13

중독에서 자유로운 삶을 유지하려면

/

Living Connected

우리의 영혼은 관계를 갈망하면서 만족할 수도 없고 채울 수도 없는 구덩이를 가지고 있다. 이제 무한하신 하나님만이 이 밑바닥 없는 구덩이를 채울 수 있다는 것을 알게 되었다. 하나님은 이 공허함을 채울 수 있는 유일한 능력일 뿐만 아니라 이 공허함을 채우려고 하신다!

어떤 관계든지 의사소통, 환담, 나눔 및 대화가 필요하다. 우리는 신자로서 하나님과의 관계를 절실히 원한다. 하나님은 우리와 대화하기를 더 많이 원하신다.[124] 그러므로 기도가 중요하다! 하지만 그동안 당신이 배운 그런 기도가 아닐 수 있다. 이번 장에서는 하나님과의 진

---

124) 우리는 피를 흘리지 않고 하나님과 대화하기 위해 죽지 않았다. 하나님은 우리를 위해 그렇게 하셨다!

정한 관계를 발전시키기 위해 당신의 것이 될 수 있는 의사소통으로서의 기도를 탐구할 것이다.

> "그러므로 우리는 긍휼하심을 받고 때를 따라 돕는 은혜를 얻기 위하여 은혜의 보좌 앞에 담대히 나아갈 것이니라"(히브리서 4:16)

하나님은 예수님과 함께 은혜의 보좌 우편에 앉아 계신다. 이 말씀은 우리가 확신을 가지고 담대하게 은혜의 보좌에 나아갈 수 있음을 보여준다. 우리가 은혜의 보좌 앞에 나아가는 목적은 긍휼하심을 받고 때를 따라 돕는 은혜를 얻기 위해서다. 이미 알고 있듯이 성경 말씀과 지혜와 말씀 듣기를 통해 때를 따라 돕는 은혜를 얻을 수 있다.

하나님은 우리와 함께 말하고 싶어 하신다. 당신과 상담하기 위해 약속을 했는데[125] 약속 시간에 15분이나 늦고 말았다. 나는 서둘러서 약속한 커피숍으로 달려가서 테이블에 가방을 올려놓은 채 늦을 수밖에 없었던 이유와 내 삶에 무슨 일이 있어났는지를 설명하기 시작했다. 그리고 20분 후에[126] 시계를 보더니 다음 약속 시간에 늦었다고 하고는, 그 자리에서 떠났다면,[127] 이때 당신의 기분은 어떠하겠는가?

나는 당신이 어떤 기분일지 안다. 분명 화가 났을 것이다.[128] 이것

---

125) 당신은 상담 약속을 위해 이미 상담 비용을 지불했다.
126) 당신은 아직 한마디도 하지 못했다.
127) 당신 커피 값을 지불하고.

이 우리가 항상 하나님께 하는 일이다. 하나님께 뭘 잘못했는지, 하나님께서 해야만 한다고 믿는 것, 하나님이 우리가 하리라고 기대하는 것을 하나님께 말한 다음, 하나님이 들을 새도 없이 일어나서 하루 일과를 계속한다! 얼마나 우스꽝스러운가?

나는 내담자에게 이것은 반쪽자리 기도를 의미한다고 자주 말한다. 이것은 반쪽자리 대화에 불과하다. 하나님께서 말씀하실 기회가 전혀 주어지지 않았다! 내가 착각하지 않는 한, 하나님과의 대화에서 다른 반쪽은 가장 중요한 반쪽이다!

"너는 하나님의 집에 들어갈 때에 네 발을 삼갈지어다 가까이 하여 말씀을 듣는 것이 우매한 자들이 제물 드리는 것보다 나으니 그들은 악을 행하면서도 깨닫지 못함이니라 너는 하나님 앞에서 함부로 입을 열지 말며 급한 마음으로 말을 내지 말라 하나님은 하늘에 계시고 너는 땅에 있음이니라 그런즉 마땅히 말을 적게 할 것이라"(전도서 5:1-2)

이것은 지혜로운 사람, 구약에서 가장 지혜로운 솔로몬의 잠언이다. 그는 우리에게 잘못된 머리를 가진 우매한 자가 되지 말고 하나님의 말씀을 들으라고 권면하고 있다! 그렇다. 우리는 아버지 하나님께 삶에 대한 모든 것을 말할 수 있다. 하나님은 자신의 자녀들이 삶에 대

---

128) 당신은 역시 다른 상담자를 찾고 있을 것이다.

한 모든 것을 말하기를 원하신다. [129]

한편 하나님은 우리가 하나님의 지혜, 위로, 인도하심, 해결책을 듣기 원하신다. 그래서 하나님의 말씀을 듣는 것이 절실히 필요하다! 하나님이 우리를 사랑하고 돌보신다는 것, 우리를 위한 계획을 가지고 있으며, 우리가 하나님을 기쁘게 하려고 일하는 하나님의 자녀라는 것을 들을 필요가 있다. 하나님은 우리가 하나님의 말씀을 들을 수 있는 특별한 장소를 마련하셨다.

> "하나님께서 그리스도 예수 안에서 우리를 그분과 함께 살리시고, 하늘에 함께 앉게 하셨습니다. 이는 우리가 그리스도 예수와 함께 연합되었기 때문입니다."(에베소서 2:6, 새번역)

우리가 예수 그리스도 안에서 신자가 되었을 때 우리는 예수님과 함께 죽은 자 가운데서 부활했다. [130] 그런 다음에 하나님께서는 우리를 예수님과 함께 하늘에 앉게 하셨다! 앉으려면 무엇이 필요한가? 의자다!

이 의자를 할리우드 영화감독의 의자처럼 상상한다. 의자 뒷면에 내 이름이 인쇄되어 있고 좌석에 내 엉덩이 자국이 남겨 있다. 나를 위

---

129) 비록 그가 이미 모든 것을 완전히 알고 있음에도.
130) 엡 2:1-5을 읽어 보라.

해 특별히 만들어지고 배치되었다. [131] 하늘의 영역에서 내가 은혜의 보좌 앞에 있는 내 의자에 앉을 때, 하나님은 내가 알기를 원하는 것과 내가 필요한 것을 말씀하실 것이다.

> "내가 문이니 누구든지 나로 말미암아 들어가면 구원을 받고 또는 들어가며 나오며 꼴을 얻으리라"(요한복음 10:9)

나는 의자에 얼마나 자주 앉아 있는가? 우리는 의자에 앉으려고 들어갔다가 나와서 세상으로 돌아간다. 좋은 점은 의자에 나아가는 빈도수에는 한계가 없다는 것이다. 원하는 만큼 자주 나아갈 수 있다. 의자가 마음에 들면 그곳에서 많은 시간을 보내고 싶을 것이다.

하나님은 무엇을 말씀하시는가? 누구든지 원하는 것은 무엇이든! 그러나 제발 당신이 필요한 것을 요구하거나 주장하거나 또는 명령하는 마음으로 그 자리에 가지 마라. 솔로몬이 말한 것을 기억하라. 입으로 잘못하지 말고, 성급히 말하지 말고, 어리석은 자임을 증명하지 않으려면 들어라. 당신은 전지하신 하나님, 편재하시는 하나님, 전능하신 하나님을 만나고 있다. 그분은 당신을 사랑하고 당신을 위해 최선을 염두에 두는 분이다. [132]

---

131) 천국은 공간과 시간이 다르기 때문에 같은 자리에 수십억 개의 많은 의자가 있을 수 있지만 하나님은 각각 개별적으로 다루신다.
132) 당신이 최고라고 생각하는 것이 무엇이든.

하나님과 기도로 연결되는 것은 당신이 중독에서 자유롭게 된 삶을 살기 위해 할 수 있는 가장 중요한 일이다! 당신을 위한 하나님의 사랑과 보살핌과 공급을 알게 될 것이다. 하나님의 능력, 지식, 계획을 알기 시작할 것이다.

하나님의 목소리는 어떻게 들리는가? 사람들은 저마다 하나님의 목소리를 어떻게 다르게 듣는지 이야기한다. 내 경험을 말하자면 머릿속에서 내 자신이 누군가와 말하는 것과 같이 하나님의 목소리가 들린다는 것이다. 하지만 그 목소리의 주인이 내가 아니라는 것을 안다. 당신은 하나님을 경험하는 데 필요한 그대로 하나님을 경험할 것이다.

> "그가 시험을 받아 고난을 당하셨은즉 시험받는 자들을 능히 도우실 수 있느니라"(히브리서 2:18)

하나님 은혜의 보좌인 기도의 자리는 유혹을 받을 때 가장 먼저 가야 한다. 예수님은 도움이 필요한 때를 아시고 당신을 보좌로 초대하신다.[133] 그 보좌에서 하나님의 긍휼과 은혜를 발견해야 한다. 그는 정죄하기 위해서가 아니라 도움을 주기 위해 오라고 명령하신다.

다른 신자들과 연결되는 것은 관계하면서 당신 영혼의 밑바닥 없는 구덩이를 채우게 하는 것이다. 하지만 인간을 우상으로 만들지 말

---

133) 우리가 도움이 필요하지 않은 때가 언제일까? 다시 읽기: 위의 히브리서 4:16.

아야 하고, 배우자나 가족, 친구들을 자신의 필요를 채우기 위해 하나님보다 더 중요하게 생각하지 않도록 하나님을 우선순위에 두어야 한다. 무한한 하나님만이 공허함을 채울 수 있다는 것을 기억하라. 인간은 유한하다. 우리는 이 관계의 공허함을 채우려고 시도했지만 완전히 실패했다!

그러나 하나님은 우리가 사람들과 관계하면서 살도록 설계하셨다. 예수님은 율법의 계명을 요약해 달라는 요청받았을 때 이렇게 말씀하셨다.

> "예수께서 이르시되 네 마음을 다하고 목숨을 다하고 뜻을 다하여 주 너의 하나님을 사랑하라 하셨으니 이것이 크고 첫째 되는 계명이요 둘째도 그와 같으니 네 이웃을 네 자신 같이 사랑하라 하셨으니"(마태복음 22:37-39)

우리는 서로 사랑하라는 명령을 받았다. 저 멀리 있는 사람을 사랑하라고 한다면 그 명령을 이룰 수 없다. 서로 사랑하는 것은 의도적인 노력이 필요하다. 바쁜 일정과 피곤함, 일상적인 일들이 당신에게 은밀히 속삭일 것이다. 당신은 사랑하기 위해 그의 삶에 들어가야 한다. 그를 사랑하기 위해서 그의 두려움, 그의 갈등, 불안과 걱정, 실패는 물론 성공, 평화, 기쁨 등을 알아야 한다.

우리는 하나님과 타인과 관계하면서 살아야 한다. 우리가 믿을 수

있고, 우리를 사랑하고, 우리가 비밀을 털어놓을 수 있고, 우리의 일에
서 도망치지 않고, 오히려 지혜와 도움을 주는 사람을 찾게 될 때, 하나
님께서 이 세상에서 우리를 위해 계획하신 것을 찾을 수 있다.

온갖 아름다움과 악한 것들, 온갖 기쁨과 눈물, 모든 음악과 소음,
모든 성공과 실패와 함께 살아가는 것, 그런 다음에 결국 우리 자신이
온전하고 거룩해지는 것, 이것이 하나님이 계획하신 일이다. 사귐의
생활을 최소화하지 마라.

> "우리가 보고 들은 바를 너희에게도 전함은 너희로 우리와 사귐이 있
> 게 하려 함이니 우리의 사귐은 아버지와 그의 아들 예수 그리스도와
> 더불어 누림이라 우리가 이것을 씀은 우리의 기쁨이 충만하게 하려 함
> 이라"(요한일서 1:3-4)

요한은 교제와 교제의 중요성에 대해 전반적으로 썼다. 우리 각 사
람은 하나님과 삶에 대해 보고 들은 바를 서로에게 전하고, 서로에게
하나님의 선하심과 능력을 상기시키고, 우리의 싸움과 어려움을 나누
고, 하나님의 극복하게 하는 능력에 대한 서로의 간증을 듣는 것, 이것
이 사귐이고 성도 간의 교제다!

그리고 우리의 사귐은 하나님과 함께하는 것이다! 하나님과 그리
고 하나님이 우리에게 함께 삶을 살도록 주신 사람들과 관계를 맺는
것이다. 이러한 사귐은 우리에게 충만한 기쁨을 제공해 준다.

Q&A

1. 기도란 무엇입니까?

2. 당신은 의자에 앉아 하나님의 음성을 경청하는 것에 도전하시겠습니까?

3. 특별히 중독에서 자유롭게 된 생활과 관련하여 다른 사람들과 연결하기 위해 노력하시겠습니까?

4. 당신에게 교제는 얼마나 중요합니까? 당신은 그것을 더 중요하게 만들어 달라고 하나님께 구하시겠습니까?

14

솔직한 고백의 능력

/

Honesty Testimony

예수님은 우리에게 자유를 주시기 위해 오셨다! 하나님의 소망은 당신이 영적으로, 감정적으로, 정신적으로 온전해지는 것이다. 하나님은 결코 당신을 포기하지 않을 것이다!

솔직한 간증은 당신 삶의 진실이다. 꾸밈이나, 빠진 것이 없어야 한다. 하나님은 당신의 삶을 통과하여 걸어가도록 명령했고, 중독에서 자유로워진 삶을 주셨다. 솔직한 간증은 하나님이 당신을 부르신 목적을 드러내는 데 매우 효과적이다.

당신의 이야기는 중요하다. 솔직한 간증은 사람들을 중독에서 해방된 삶을 살게 하는 데 효과적이다! 하나님은 그의 영광을 위해 당신 안에서 역사하신다! 당신의 이야기는 자신을 채우기 위해 무력한 전략에 간힌 사람들에게 희망을 줄 것이다!

솔직하게 간증을 말하고, 자주 말하라. 소름이 끼칠 정도로 솔직하게 말하라. 부끄러워하지 말고 말하라. 당신의 이야기에서 습관과 중독에 갇힌 사람들은 삶에 더 많은 것이 있음을 깨닫고 자유와 성취의 가능성을 이해할 것이다.

당신이 그것을 말할 때 당신은 또한 하나님이 당신을 위해 하신 일을 자신에게 상기시키게 된다. 당신의 이야기는 당신은 물론 듣는 사람들에게도 큰 기쁨을 전해 줄 것이다.

당신의 이야기는 사람들로 하여금 하나님을 찬양하고 그분을 더 잘 알고 싶어 하도록 만들 것이다. 하나님은 그분의 영광과 능력에 대한 위대한 간증을 지금부터 영원토록 당신 안에 만들고 계신다.

올바른 전략을 알면 바꿀 수 있다

　나는 저자 그럽스 박사의 '중독 진단과 치료' 수업을 들으면서, 이 책을 알게 되었다. 그는 중독에 빠져 있는 사람도 '하나님의 형상으로 지음 받은 존귀한 존재'로 보았다. 또한 우리 사회는 그들에게 '알코올 중독자', '마약 중독자', '게임 중독자'라고 이름표를 붙임으로 하나님 형상인 인간의 가치를 떨어뜨릴 뿐 아니라, 중독자 또는 환자라는 틀에 가두어 존귀한 자신의 가치를 인식하지 못하고 회복의 소망마저 잃어버리게 한다고 지적했다.

　이 책은 '중독자'라는 표현을 사용하지 않는다. 그들을 '원치 않는 습관들과 중독된 행동으로 힘든 시절을 보내는 사람들'이라고 부른다. 원치 않는 잘못된 습관은 얼마든지 전능하신 하나님의 도움으로 바꿀 수 있다. 용서받을 수 없는 죄인이 없듯이, 오랫동안 잘못된 습관과 중독된 행동들로 힘든 삶을 살고 있는 사람도 예수 그리스도 안에서 회복과 치유의 소망이 있다.

　저자는 포르노, 술, 마약 등 여러 중독성 있는 행동을 우리가 선택한 잘못된 전략이라고 했는데, 올바른 전략을 알면 얼마든지 바꿀 수 있다는 의미다. 중독된 행동에 빠져 스스로 "나는 무능력하다. 나는 살 가치가 없다. 나는 할 수 없다."고 탄식하며 죄의 사슬에 매인 수많은 분에게 이것은 잘못된 전략이고, 원치 않는 습관이기에 하나님 말씀 속에서 올바른 전략을 발견해서 새로운 습관을 갖기 시작하면 얼마든지 중독에서 자유롭게 된 삶을 살 수 있다고, 그리스도 안에서 새로운 소망과 희망을 주고 있다.

알코올 중독자 회복 모임에 처음 참석하면 가장 먼저 자신을 인식하는 말을 소리 내어 "나는 알코올 중독자입니다!"라고 한다. 하나님의 도움 없이는 치유 받을 수 없다는 것을 인식시키기 위한 치료 방법 중 하나이지만 하나님의 형상으로 지음 받은 존귀한 존재를 '알코올 중독자'라는 라벨을 붙여 가치를 평가절하시키는 행위이기도 하다. 다시 말하면 우리는 "하나님의 형상으로 지음받은 존귀한 존재인데 지금 알코올 문제로 어려움을 겪고 있는 사람"이라고 말해야 옳다.

지금은 원치 않는 습관과 중독 행동들로 힘든 시절을 보내고 있더라도 여전히 하나님의 형상으로 지음 받은 존귀한 존재다. 가치 있는 사람이다. 크리스천 의사나 상담가들이 중독 문제로 찾아오는 내담자들을 대할 때 인간에 대한 성경적 이해가 필요하다.

이 책은 시중에 있는 중독 관련 책들이 말하는 중독 치료 방법들을 나열한 책이 아니다. 중독의 원인부터 해결 방법 그리고 중독에서 자유롭게 된 이후, 계속해서 하나님의 형상으로서 주어진 목적을 따라 살아가는 삶에 대해 성경 말씀에 기초한 핵심을 군더더기 없이 풀어내고 있다.

이 책의 주요 독자층은 그리스도인이다. 하지만 중독 원인과 치료에 대해 고민하는 모든 독자에게 유익하다. 저자의 의도 역시 특정 중독자들이 아니라 다양한 중독 관련 고통을 겪는 사람들에게 도움을 주기 위해서 출간되었다. 중독 치료에 관심 있는 분, 목회자, 평신도 지도자, 소그룹 리더, 여러 중독 성향으로 어려움을 겪는 분, 그들을 돕고 있는 가족이나 주변 사람들에게도 큰 도움이 될 것이다.

이 책은 교회의 소그룹 모임 교재로서 잘 구성되어 있다. 매주 한 장씩 14주간 활용할 수 있도록 각 장마다 복습 및 토의 질문이 수록되어 있으며, 무엇보다 중독 원인과 치료 및 중독에서 자유롭게 된 이후 어떻게 살아야 할지에 관한 성경 말씀이 제시되어 있다. 이 귀한 책이 중독과 원치 않는 습관들 때문에 힘든 싸움을 하는 수많은 분에게 중독에서 자유로운 삶과 풍성한 삶을 찾는 치료제가 되기를 소망한다.

마지막으로 이 책이 출판되도록 도움을 주신 분들께 감사의 마음을 전하고 싶다. 먼저 저자 그럽스 박사에게 감사드린다. 그는 이 책이 번역되어 한국의 독자들에게 도움이 되었으면 하는 바람으로 저작권과 출판권 모두를 역자인 내게 일임해 주었다. 또한 문장을 읽고 도움을 준 세 아이들(은상, 주희, 은수)과 아내 정영지 사모에게 감사한다. 무엇보다 이 책의 출판을 기획하고 수고한 도서출판 샘솟는기쁨 편집팀, 그리고 이진호 이사와 강영란 대표에게 감사드린다.

미국 버지니아에서 박찬영

중독에서 자유로워지려면
성경에서 찾다! 원치 않는 습관에서 벗어나는 법

초판 1쇄 인쇄 | 2021년 06월 07일
초판 1쇄 발행 | 2021년 06월 10일

지은이 | 마이클 그럽스
옮긴이 | 박찬영
발행인 | 강영란
편집 | 강혜미, 권지연
디자인 | 트리니티
마케팅 및 경영지원 | 이진호

펴낸곳 | 샘솟는기쁨
전화 | 대표 (02)517-2045
팩스 | (02)517-5125(주문)
이메일 | atfeel@hanmail.net

홈페이지 | https//blog.naver.com/feelwithcom
페이스북 | https//www.facebook.com/publisherjoy
출판등록 | 2006년 7월 8일

ISBN 979-11-89303-49-5(03190)